フィロミナの詩《うた》がきこえる

マレーシアで二十五年
平和と福祉を考える

中澤 健
Nakazawa Ken
中澤 和代
Nakazawa Kazuyo

タイ
カンボジア
ベトナム
ペナン
MALAYSIA
マレーシア
サリケイ
シブ
ボルネオ島
シンガポール
インドネシア

はしがき

今から二十六年前、一九九三年に私はマレーシアに行き、二〇一七年八月末に帰国しました。誰かに招かれたのではなく、派遣されたのでもなく、勝手な自分の思いで行きました。何がしたくて行ったのか、初めに少し長く書いたので読んで下さい。この本は、「平和」を念頭に書きましたが、それがなぜかおわかりいただけると思います。多くの方々に助けていただいたマレーシア生活二十五年間でした。

日本に帰って来て思うことがいろいろあります。便利になったなぁ、暮らしやすいなぁ、清潔で豊かになった、と思います。けれど、貧困の子が増加し、廃棄食糧が毎年増え、自殺者も増えているこの〝ちぐはぐ〟は、一体何でしょう。

一方度々耳にして胸が痛くなったのは、超高齢化社会だけれど、高齢者の施設で介護する人が圧倒的に不足している現実。知的障害の施設でも同じような話を聞き、外国人の採用や将来はロボットに頼るしかないと聞きました。

これまた大変です。施設建設と言えば建設反対運動が起き、やっとできたら職員が集まらない、つまり困っている人のことを考えない常識が、社会に蔓延しているのでしょうか。まさに国家的一大事です。人が好き！　人の役に立ちたい！　そんな若者たちが国をつくるのに、日本は国をつくる人を見つけるのが大変な時代を迎えたのでしょうか。

この本に私は、マレーシアでの人々との交わり、頑張って取り組んだ福祉事業、戦死した父の足跡を辿る活動を書きました。マレーシアは、特にボルネオの奥地は、みんな貧しく質素に暮らしています。でも彼らの生きる姿には豊かさを感じました。そこには、自然が育むいのちとの共生や、人と人との繋がりや思いやりや助け合い、屈託のない笑いがありました。自然を捨てることは、人間が人間らしさを捨てることではないかという思いを再確認しました。

弱いいのち、語らない、語れない、不利の重なる人たちに心を向けること、言葉や心やいのちなど、目に見えないものが希望の土台であることを感じ、それが人間らしさなのだと思いました。

そんな中で、フィロミナという少女に出会いました。彼女は重い障害をもっていました。彼女との出会いから別れは、私たちの心に深く刻まれています。フィロミナは、言葉が話せず会話はできませんでしたが、彼女は今も私たちの心の中で歌い続けています。時に勇ましく、時に穏やかに。

この本の書名は、ワークキャンパーの一人が「ボルネオに来てムヒバのメンバーと接していると、森の奥からフィロミナの喜んでいる声や歌声も聞こえてくるような気がします」と呟いたのにちなみました。耳に聞こえる歌、心にきこえる詩、身体で感じるリズムとメロディー。フィロミナが一緒にここに居るという思いが、私たちにも素晴らしい安らぎを与えてくれます。

この本は、私の孫世代のことを思いながら書きました。私の一番小さい孫娘が今中学生です。彼らの人生が幸せであるように願っています。

幸せであるためには、ただ曲がったことをしないで、自分の幸せを求めるだけでは不十分です。自分の頭でよく考えて、家族や友だちと話題にして、自分一人だけではない、みんなの幸せを目指すことが大切です。その時注意することは、貧しかったり障害があったり差別されていたり、世に弱者と言われる人のことを忘れないことです。

ちょっと視野を広げて考えてみましょう。途上国とは何でしょうか。先進国とは何を意味するのでしょうか。自然破壊がある基準以上に進んだのが先進国でしょうか。一体誰もが望む良い暮らしとは何でしょうか。一緒に考えたいと思います。確かなことは、自分一人だけの幸せなんてない、それは不幸や心の貧しさに繋がっている、ということです。

力を合わせて、本物の「豊かで平和な時代」をつくろうじゃありませんか。それは、歴史上一度も実現できなかった時代です。

この本を出版するためには、沢山の方々に応援していただき、協力もしていただきました。この場をお借りしてお礼を申し上げます。

二〇一九年三月　中澤 健

序章

私はなぜ、何をしに、マレーシアに行ったのか

1　開戦後、民間人としてボルネオに行った父

私がなぜ、何をしにマレーシアに行ったのかを書くためには、まず私の父のことを、いわば私にとっての父の存在について、触れておかなければならないと思う。

子どもの頃、私は何度も母親に聞かされた。「お父さんは南方で戦死した」と。しかし周りにいた叔母たちは、「ケンちゃんのお父さんは兵隊さんじゃなかった。若い頃からずっと各地の試験所で染色の研究を続けていた」と。そう言えば、上の姉は足利の工業試験所時代に生まれ、下の姉は甲府の工業研究所時代に生まれたと言っていた。

私は、一九四一年の春、父が日本タンニン工業株式会社北海道旭川工場時代に生まれたとのことだった。私が生まれた日の夜、宿直だった父は「男児誕生」の報せに電話口で、「バンザイ！」と叫んだそうだ。父の腕の温もりは覚えていないが、父は乳児の私を抱いて家の近

くを流れる石狩川の堤《つつみ》をよく散歩したという。

父がこの日本タンニン工業株式会社から、南方資源開発派遣団の一員としてボルネオに向かったのが一九四二年八月。軍部から会社への要請だったとのことだ。父も含めて九人の日本人が皮革加工の工場を運営するためにボルネオ島に向かい、一九四二年十月に無事、ボルネオ島サラワク州スランカッチ工場に到着したと記録されている。

前年の暮れに始まっていた太平洋戦争は、当時のボルネオへの波及はなく、平和な日々を過ごし、父たちは南国の果物を満喫していたようだった。母や私たちに送られてきた父の手紙には、南国の良さや食べものの美味しさ、食事も暮らしも現地の人たちの世話になりながら楽しんでいた様子が書かれている。どちらかというと身体の弱かった父が、日本に居た頃より健康体で意欲満々の暮らしぶりだったことは、留守を守る家族を安心させただけでなく、周囲の人たちとの良い関係も想像させてくれた。

日本に残してきた家族の一人ひとりを想い、時に手紙を書き、時に電報を打ち、またある時は自分の日記の抜粋を書き写して送ってくれたものが、今も私の手元にある。

皮革加工がどういうことなのかよくわからないが、その工場は軍需工場の看板を掛けていたようだ。次第に戦況は激しくなり、父の工場にも時に爆撃の恐れが近づいていたようで、通信が途絶えがちになり、終戦の年の二月に家族からの安否を問う電報に対して、「シンパイムヨウケンコウヲイノル」との返信が五月にあり、父との通信は最後となった。太平洋戦争は、一九四五年八月に終戦を迎えた。

その後わかったことは、一九四五年六月に現地召集を受け、九名の日本人の内七名は召集に応じずに帰国し、父と若いもう一人の二名が応召したとのことだった。父は七人の同僚と別れる際に、その内の一人に無事帰国したら留守家族に渡して欲しいと、遺書、遺髪、指先の爪を託したそうだ。その人物が一九四六年四月に我が家を訪ね、経緯を知らせてくれた。終戦の混乱の中、その後父の消息はなく、長く生死不明（行方不明）が続いた。

夫の無事帰還を待つ妻、息子の生還を待つ老いた母親、兄の帰りを待つ妹たち、父親の帰りを待つ子らの元に、戦死の公報が届いたのは、一九四九年一月だった。そこには、【昭和二十年八月十九日、北ボルネオ、シブ州ロバン地区に於て戦死】と記されていた。

熱心なクリスチャンだった父が、愛する家族でもなく、郷里でもなく、なぜ戦争を選んだのか、少年時代の私にはわからなかった。

今でもわからないが、私が今思うことは、教育や時代の怖さだ。

2　寂しくも、幸せだったボルネオ時代の父

父に会った記憶もなく、抱かれたことも話しかけられたことも記憶にない私にとって、父の存在は実に頼りないものだった。思い出のように自分の中から出てくるものは何もなく、誰かから話される登場人物の一人を、それが父だと思い込むしかないのだから。

そういう意味では、ボルネオからの手紙に自分のことが書いてあるのは嬉しく、大きくな

ってからも何度もその箇所を繰り返し読んだものだ。

【一九四四年三月二十三日の日記の抜粋】

「健君満三歳の誕生日を遙かに祝う。大きく可愛ゆい坊やになってさぞ家中の人気を一身に集めて居ることであろうと想像するだにたまらなく逢いたくなる。身も心も只健やかに育てかしと祈ること切なり。予、幸いにして生還を得ば彼の愛児を抱き得るの歓喜は果たして如何ばかりかを想いて胸の躍る心地す。昨朝妻に宛て、次の電信を打つ。〝ケンチャンマンサンサイノタンジョウビヲハルカニイワウ。ホカミナイカガ　ボクハゲンキダ。ミナサマニヨロシク　ナカザワ〟と」。（「歩みのあと」中澤義一記念誌より）

父は、何事にも情熱を持って打ち込むタイプの人だったようだ。家族思いで、妻や子たちだけではなく、両親や自分の妹たち、妻の親や親戚など、誰のことにも心を配っていたようで、中でもとても子煩悩だったと、母が何かに書いていた。私のすぐ上の姉が生まれてしばらくした頃、家の近くのおばあさんがこんなことを言ったそうだ。「お宅の旦那さんは珍しいこと！泣いている赤ちゃんを連れ出してはちゃんと寝かせておいでますねぇ。優しいお人ですねぇ」。

父のボルネオ便りの中には、面白い記述がいろいろある。『工場では、八十人くらいの人が働いていて、マレー人と支那人が居て、両者はあまり仲が良くない』とか、『この地でこの工場を三十年間も稼働してきた人々の根強い努力には感服の外ない』などと書いている。

果物の王様といわれるドリアンについては、『これを食べるためには、妻を質に入れてもと言われる程の美味しさだ』とか、『それでも自分は、初めその臭いがたまらず食べられなかった、けれどもやがて好きになった』と書いている。父は果物が好きだったのか、ドリアンの他にもいろいろ果物のことを書いている。現地の人に案内してもらいながら、近くの市場に行って教えてもらったり試食したり、大いに楽しんだ様子が目に見えるようだ。

食事も給仕も掃除もみんな現地の人がしてくれて快適だったようだ。誰にも優しかった父は、みんなからも親しまれ、良くしてもらったのだろう。現地の子どもたちを見れば我が子に想いをはせ、可愛がったに違いない。二年間の予定が三年あまりになった父のボルネオ生活は、概して幸せだったように思う。

現地召集を受けて、即刻帰国という選択肢もあった中で、軍属として父が留まった理由は私にはわからない。けれども、ボルネオが暮らしやすかったからではなく、多くの同胞が日本で召集を受け、逃れることも叶わず各地で戦っている中、自分が戦闘地ではないにしろ現地にいて召集を断って帰国することを、父は潔《いさぎよ》しとしなかったのではないかと思うのだ。

家族思いで、誰にも優しく、民族間の融和を願い平和を愛した父が、妻や子の居る日本に帰ることを選ばずボルネオに残ったところに、私は、「戦争の怖さ」を感じずにはいられない。

3　私がマレーシアに渡った時の、三つの願い

南方のボルネオ島は、子どもの頃から私の憧れの島だった。周り中から父親がボルネオで死んだと言われていたので、ボルネオという国があるのかと思っていた。（マレーシアは、マレー半島側、ボルネオ島のサバ州、サラワク州も加わって一九六三年にマレーシアとして独立）

一九四九年一月に、父の戦死の公報を受け取った時、母と二人の姉と私は山梨県の甲府市に住んでいた。父の実家は同じ山梨県の都留市（当時南都留郡谷村町）で、そこには父の母親と父の二人の妹が暮らしていた。母は暮らしのために県庁所在地である甲府市で洋裁を教える仕事を見つけ、姉夫婦を頼って甲府で暮らすことにしたのだが、戦死の公報を受け、かすかに残された望みは完全に消え、私が小学校三年生になった時、父の命日とされる八月十九日に谷村町の家で父の葬式をした。遺骨はなく、父が同僚に託した遺髪と爪を骨壺に入れ、純白の布で包んだ箱を私は抱いた。そしてその年の二学期から、私は谷村町立谷村第一小学校

に転校したのだった。

テレビもなかった時代。携帯電話はもちろん、固定電話も普通の家にはなく、近所の大きい家の電話を借りたものだ。コンビニもスマホもない、今とは全く違う暮らしだった。小学校では転校生の私は虐められたりもしたが、守ってくれる友人も居て、馴染みの土地ではない心許なさはあるものの、楽しく過ごすことができた。

私のボルネオへの関心は増すばかりだった。私が大学を卒業した一九六三年にマレーシアは独立した。いずれ必ずマレーシアに行き、そこで暮らして、父が吸った空気を吸い、父が食べた果物を食べる姿を、遙かに脳裏に描いていた。

当初、私がマレーシアでしたいと思ったことは、単純に三つのことだった。

まず第一に、平和への願いを胸にマレーシアに行きたい。熱帯で父が吸ったのと同じ空気を吸って地元の食べものを食べ、市場に行き、地域住民と同じように暮らしたいという子どもの頃からの思いの実現。

マレーシアの独立を知った後は、マレーシアで何かの役に立ちたいと思うようになった。私が約三十年間日本で関わった障害福祉の仕事を生かした活動が何かできないかというのが、第二の願いとなった。

そして最後は、折角マレーシアに行けたのなら、是非とも父が倒れた場所を訪ね当てたいという思いがあった。父の死にざまはどのようだったのだろうか、死の間際、父は何を思ったのだろうか……しかし、それを知ることは不可能だ。ただ場所だけは突き止め、その場で父に私の思いを語りかけたいという強い思いがあった。

初めに私は、半島マレーシアのペナン島に落ち着いた。ペナン島は、その頃日本からの直行便が就航していて便利なこと、観光地として既に日本でもよく知られていて、いずれ日本との交流事業などには好都合と思われたこと、首都クアラルンプールは都会過ぎて、その昔父が吸ったボルネオの空気とは隔たりを感じたことなどが、ペナンを初めの定住地とした理由だ。つまり、是非ともペナンでなければという決定的理由はないのに、私は迷いなく定住先をペナンに決めたのだった。その後一緒に活動することになったアイナさん（クアラルンプールのＮＧＯ職員）と出会ったことは、決定的な意味を持つのだが、彼女の出身地がペナンだなどとは全く知らなかった。約二十五年間のマレーシア生活と活動は、現地パートナーのアイナさんと出会えたことがスタートなのだが、実は最初に彼女と出会ったのは日本だ。今は亡き丸山一郎さん（元身体障害者福祉専門官、当時全社協障害福祉部長）が、私がまだ日本に居た一九九二年に、一年間研修で日本に来ていたアイナさんを紹介してくれたのだった。

さまざまな伏線があって、それが絶妙な形で縒《よ》り合わさって、明日が生まれるのだなぁと不思議な思いがする。

1部

マレー半島とボルネオ島

3つの願い その1

1章

全てはペナン島から始まった！

1　ペナンで普通の暮らしがしたい

一九九三年四月十八日、成田空港からの直行便でペナン島バヤンレパス空港に着いた私は、予約してあったジョージタウンのホテルに、大きなスーツケースひとつで直行した。

窓からペナンの町の灯を見下ろして私の胸は躍っていた。いよいよ始まる。長年の夢が叶ってとうとうマレーシアに来たのだ。マレー語は全くできず、英語も挨拶がやっとという全くの無謀さに気づく余裕すらなかった。

翌朝町に出ると、賑やかなこと、何とも言えない町中の雑多さに圧倒された。町には肌の色が違う人々、服装がカラフルで頭にスカーフを巻いた女性、頭にターバンの男性、また話している言葉のリズムはみんなそれぞれ違うみたいで、遂に来たという興奮に包まれた。店に入って何を注文し、どう食べたのか全く覚えていない。多民族複合国家というのは、こういう多様さをお互いが受容しながら日常が成り立っていると気づくのに、数日かかった。

1993年ペナンの海にて

ペナン島バヤンレパス空港（当時）

町には、イスラム教のモスク、カソリックの教会（キリスト教はその他にアングリカンの教会やプロテスタントの教会）、仏教のお寺やヒンズー教の寺院など、それぞれ特徴のある立派な建物が点在している。マレーシアに関する事前学習では、マレーシアはイスラム教を保護しているけれど、憲法では信教の自由が保障されていて、イスラム教徒は改宗できないが他の宗教は改宗もでき、宗教的にはかなり自由ということだった。町に出て、「なるほど」と思った。

まずは、家を借りる算段と車を買うことが急務だった。ホテル内の旅行社に行き、仲介業者を紹介してもらったのだが、いわゆる高級マンションを幾つも紹介され、安全性も高いし日本からの派遣社員家族も住んでいると勧められたが、私は値段が高すぎることと地元の一般の人たちと出会う機会が少なくなりそうなので、住宅地のテラスハウスの一戸を借りることにした。

大家さんは、小学校の女教師。良い人で、家賃も高級マンションの五分の一以下だ。やがて車も手に入った。三菱自動車が技術協力したマレーシアの国産車第一号、プロトンサガ・イスワラで、色はシルバーの新車だ。家のお隣は、中国系の感じの良い家族だった。

中国系やマレー系の地元の人、ペナンで事業を興そうと意欲的な日本人など、いろいろな人たちと出会った。それらの人たちが、それこそ何処の馬の骨ともわからない私に、何の疑いもなく協力してくれる。通訳を買って出てくれた中国系の初老の男性、日本語を教えてと訪ねて来て家族で親しくしてくれたモニカ一家、困った時何でも助けてくれたマレー系の空港職員ワンさん。彼らのお陰で、ペナンでの普通の暮らしが始まったのだった。

2　活動が始まる

ペナン総領事館の古岡文貴さんの全面的な協力で、ペナンにある国立大学ＵＳＭに所属させてもらい、マレーシア政府から研究ビザを発給してもらえることになった。ＵＳＭのドクター・アンジェリンをパートナーに、マレーシアに於ける障害児者の実状とニーズに関する調査が始まった。

その頃、青年海外協力隊の養護隊員（当時）として知的障害児と関わっていた北田尚子さんに現地状況を教わりながら、ペナン州半島側のニボンテバルに青年障害者の作業所「ハラパン」を立ち上げた。彼女の尽力によるものだ。

「ハラパン」（希望）運営を通じて、その後の活動に資することを学んだ。例えば、自分の土台（団体）を持たなければ思う活動はできないこと、活動地の近くに居住することがどれ程大事かということなど。ニボンテバルは、私の家から少し遠かったのだ。

一方、独り暮らしにしては大きい家を借りていたせいか、よく人が集まるようになった。持ち寄りで夕食会などをしている内に、ペナン在住日本人有志でニュースレターを作って日本の友人たちに送ろうということになり、「ダリペナン」(Dari Pinang)を出すことになった。桂子パケリ編集長の下、創刊号が出たのが二〇〇五年五月。年三回発行で、二十四号まで続いた。

その少し前、ミスコ・アイナと再会した。彼女は、日本から帰国してクアラルンプールの「マレーシアンケア」(Malaysian Care)という大きなNGOで働いていた。アイナさんが父親を亡くし、郷里ペナンに帰ったから励まして欲しいとクアラルンプールの日本人、内海明美さんから連絡があったので、電話をして会った。いろいろ話して元気づけると共に、お母さんの居るペナンで新しいNGOを登録して一緒に活動しようと、いきなり誘ったのだ。

マレーシアの実状とニーズに関する調査が一段落した一九九六年、アイナさんは前職を退職し、ACS(Asia Community Service)の登録をして、ペナンに帰って来た。以後、現在

ファーストステップセンター

アイナさんと明美さんと（ACS の製品販売店で）

に至るまで、アイナさんはＡＣＳの運営に当たっている。一九九七年四月には、障害幼児とその家族との取り組みである「ファーストステップセンター」(First step Centre) がスタートした。

3　町の活動から、村の活動へ、さらに辺地へ

・障害幼児の療育の場をつくる

マレーシア各州で調査をしたところ、ペナン州をはじめとして、多くの州の人たちが就学前幼児の療育の場を望んでいた。この調査は、或いは調査対象者の選び方に偏りがあったかも知れないが、障害幼

児の行き場がなかったのは確かだった。私たちの活動の第一歩として、「障害幼児が初めて出会う療育の場づくり」をすることにした。

町の住宅地に二階建ての一軒を借り、改装したり遊具教具棚をつけたり大騒動だったが、一九九七年四月にはスタートに漕ぎつけた。この時は、日本から「アンサンブル銀の夢」という音楽グループ（小室道章、圭子夫妻主宰）が来て、大いに盛り上げてくれた。

ＡＣＳの「ファーストステップセンター」は、親が自家用車で送り迎えをし、利用料は無料で、両親に余裕があれば自由な額を月々寄付してくれるという方式だった。現在も基本的に同じなのだが、車がない、自力で通って来られない人をどうするのかが課題。それともうひとつ大きな課題が、実は、当初はこの種の施設は他になかったのだが、その後ニーズがあることがわかったためか、幾つも有料の療育機関ができた。高い利用料を取って職員の待遇を良くするのだが、ＡＣＳが育てた「ファーストステップセンター」のスタッフが狙い撃ちされて持っていかれてしまうのだ。素質の良さそうな職員を採用して丁寧に育て、やっと一

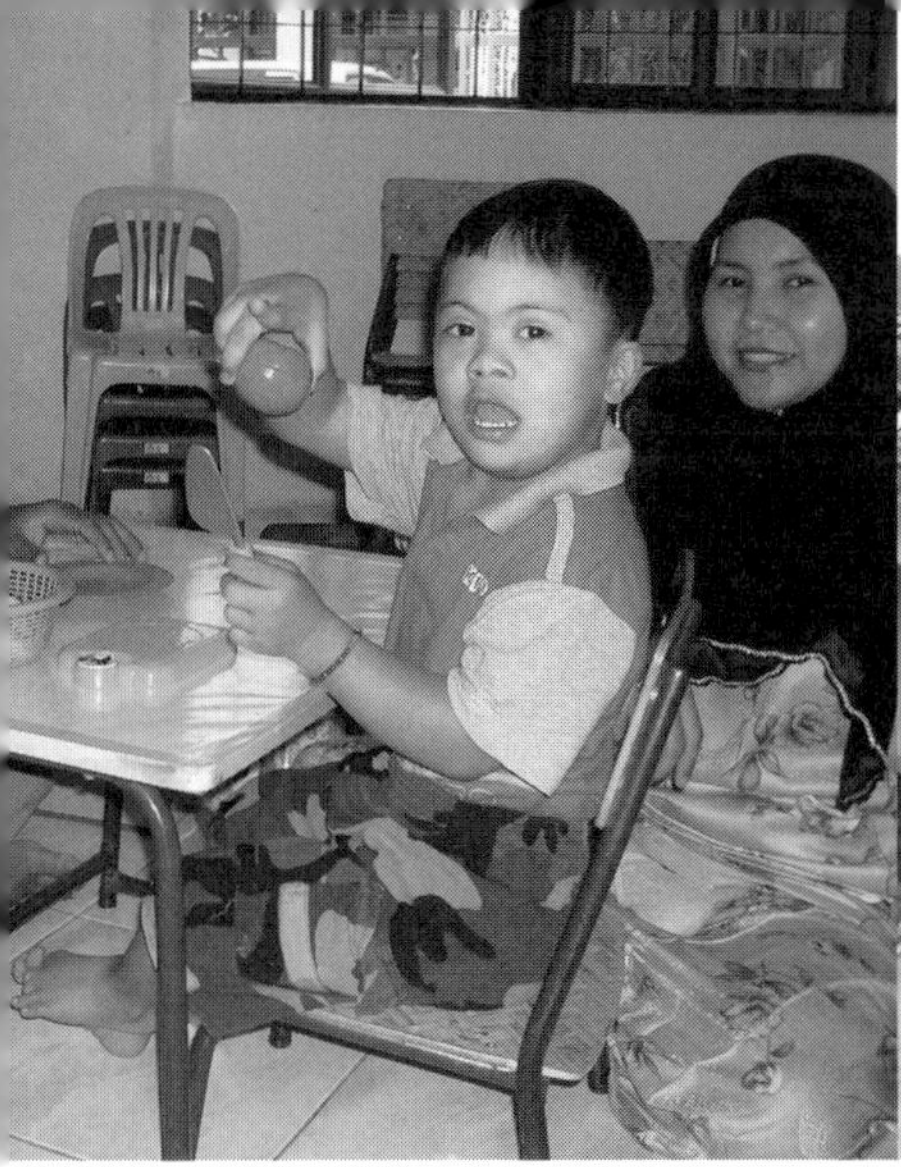
ファーストステップセンター

地域生活支援センター

人前になったところで良い待遇でスカウトされるのだ。このタイプの転職が今も続いていて悩みの種になっている。とはいえ、貧しい子に質の良い療育を用意する趣旨で、今も挑戦は続いている。

・**知的障害者の働く場をつくる**

賑やかなペナンの町側ジョージタウンの反対側には、バリックプラウというのどかな田舎がある（今は町になっている）。割合大きな市場がある以外は、お店が数軒並んでいるだけで、事業所などもあまりない村なのだが、日本でいう特別支援学校のような通所施設があった。けれど、卒業しても行く場がないため利用者は滞留するばかりだった。

二〇〇〇年、ＡＣＳは、「青年・成人知的障害者の地域生活支援の場づくり」の必要性を感じ、全体計画をつくり、土地を探し、資金計画を立てると同時に、とりあえず小さな作業所を開設すべくテラスハウスの一戸を借り、さをり織り、ローソク作り、ケーキ作りなどの試行を始めた。

丁度この頃、妻が合流した。それまで、徳島県で知的障害者の地域生活支援の仕事をしていたが、これを辞めてペナンの活動に加わったのだった。ほぼ同時に、「総合的な知的障害者らの地域生活支援事業」の計画づくりが始められた。まずひとつは、働く場づくり。工場からの下請的な作業ではなく、オリジナルの仕事を職場の感覚ですること。もうひとつは、生活体験の場づくり。地域社会で自立して暮らす習慣やスキルを修得する場として、作業などとは別の建物を建てることにした。

作業などを行う地域生活支援センターは、「ステッピングストーンワークセンター」

ステッピングストーンワークセンター

石鹸作りの作業

(Stepping stone Work Centre)、自立的な生活に向かう家、自立生活ホームは、「インディペンデントリビングホーム」(Independent Living Home) と名づけ、全体を「サポートセンターフォーコミュニティリビング」(Support centre for Community Living) とした。

計画はできた。土地も手に入れた。しかし、実際にはこれからの経費捻出が大変だ。アイナにとっても私にとっても最も苦手なお金集め。一般寄付金を募る、ACS企画の一大イベント「チャリティーディナー」を実施する、ペナンの日系企業を個別に回り寄付依頼をする、日本の助成団体に助成申請をするなどを箇々に計画し、全て実行した。

日本財団、三菱財団、清水基金、日本社会福祉弘済会や国際ボランティア貯金などから頼りになるご支援をいただき、ＡＣＳ企画の「チャリティーディナー」は、ペナンの高台のエクアトリアルホテルの大広間に九百人を集め、ペナン州のガバナー（知事）ご夫妻も出席して下さり、私たちは目標額を得ることができたのだった。日本企業の社長の厚意に感激したり、土地購入のために車を売った私は、炎天下をバイクでペナン中走り回った日々など、未だに忘れられない思い出がいっぱいだ。

・移動おもちゃ図書館をつくる

バリックプラウで小さな作業所を始めた二〇〇〇年、同じ年に私たちにとって意義深い新しいプロジェクトが始まった。

町から離れた村などに住んでいて、移動手段のない人をどうするか。私たちは、場所をつく

「JOM」おもちゃ図書館のヴァンと寄付いただいたおもちゃ

ってそこに来るのを待つという発想から、こちらから玩具、遊具、教具などを持って家庭訪問をするという方法もあると考えた。屋内で、または外で、兄弟姉妹なども一緒に、時には近所の子どもたちも一緒に遊ぶ、移動おもちゃ図書館「ジョム」(Mobile Toy Library JOM)を、日本人スタッフ代田香苗さんを中心に始めた。

私たちは、しばらく前からこの構想を持ち、助成金の申請をしていたのだが、妙な理由で断られ続けていた。そんな折、日本の古くからの友人が病気で急逝し、夫人が私たちの活動に役立てて欲しいと、ヴァン（ワゴン車）一台を寄贈してくれた。新車のヴァン「瀬沼哲雄号」は、移動おもちゃ図書館専用車として活躍を始めた。日本のおもちゃ図書館全国連絡会などからの玩具類の寄贈もあって、移動おもちゃ図書館「ジョム」は、スムーズにスタートした。

現在は、ペナン島のみならず半島側に範囲を広げ、多くの子どもたちに喜ばれている。

バリックプラウの「地域生活支援センター」建設は、曲折を経て二〇〇四年に完成し、正式な開所式を迎えた。アイナさんを先頭にＡＣＳは発展を続け、現在もバリックプラウで青年成人の地域生活支援センター、自立生活ホームの運営、移動おもちゃ図書館の運営の他、青年成人の芸術活動、若手芸術家の国際交流と「ステッピングストーン」の連携、本人たちの発意による本人の会「ムティアラ ボイス クラブ」の支援、ジョージタウンの繁華街に他のＮＧＯと協力してユニークな店舗の開設、日本との人的交流、半島側に「ファーストステップセンター」のブランチ（支店）などを作り、精力的に活動している。

2章 ロングハウスに魅せられて

1　初めて訪ねたイバン族のロングハウス

・ボルネオ島サラワク州シブ町へ

二〇〇三年、年末の十二月三十日早朝、私たち夫婦は州都クチンの自宅を出発し、八時間あまりかけてボルネオ島サラワク州第三の町シブまで行った。約五〇〇キロの行程で、道路は唯一本の州を貫く幹線だったが、まだ舗装工事中の部分も長く、シブに着いた時には砂ぼこりで誰の車かわからない程に車体は真っ白に姿を変えていた。

もちろん、私には初めての行程で、走りながらボルネオ島サラワク州という土地をいろいろと感じることができた。インドネシアとの国境に割合近い場所も通り、道路脇の売店には椰子の実や地元の植物を使った手工芸品や、素朴な味わいのある盾や吹き矢などが売られていて、昼食で寄ったお店では意外な程美味しいミーゴレン（焼きそば）などと巡り会ったり

幅 300 メートルもあるラジャン河

通い船

もした。
走る車から見える景色は、いかにもサラワクの大地だ。起伏の多い道路、長い坂を下りたと思ったら上り、何本もの橋を渡った。高い場所から眺めれば、眼下には三百六十度に深々とジャングルが続いている。
シブに着く前に最後に渡ったのが、有名なラジャン河だった。まだ橋がなく、フェリーボートに三十台くらいずつ車ごと乗って渡った。年の瀬だったので、フェリー乗り場は長い列で一時間以上待ったと思う。ようやくシブの町に入り、まずガソリンスタンドを探して車を洗い、予約しておいたホテルに入ったのは、夕方五時をまわっていた。

私たちの車を先導してくれたのは、ジョセフさんご夫妻だ。クチンで借りた家の家主さんで、サラワク州森林局の次長さん。森林局の要職にありながら、日本の高知大学大学院の博士課程に籍を置いていた親日家だ。ジョセフさんご夫妻との出会いが、私たちのボルネオ生活にこれ程大きな影響を与えることになろうとは、この頃まだ予想もしていなかった。

クチンで最初にジョセフさんを紹介してくれたのは、酒井和枝さんだった。酒井さんは長年マレーシアに在住。努力を重ねて日本レストランや旅行会社を経営する他、クチンの日本人墓地の管理やサラワクに配属された青年海外協力隊の人たちのお世話もして「サラワクの母」として旅行案内書にも紹介された人である。たまたま妻と同郷（徳島）だったこともあり、特別親切にしていただいた。クチンに移住の前、下見に行った時に家を探していると言うと、即座に丁度良い人がいると言ってジョセフさんと家を紹介してもらった。

酒井さんを紹介してくれたのは、その後「ダリクチン」の編集をしてくれた江川恵さん（現在は大塚恵さん）。江川さんを紹介してくれたのは、ペナンで大いに世話になった古岡文貴さんだった。正に、全てはペナンから始まった！　そして、その後の出会いの連鎖は、偶然とは言い難い不思議なものだ。人生は人との出会いによって紡がれる。知り合いが誰も居なかった地での人との出会いは、やがて人生を変える活動へと展開していったのだ。

・初のロングハウス

シブのホテルで一泊した私たちは、翌日朝から中央市場やスーパーマーケットなどで食糧、飲みものやお土産などを買い込み、昼過ぎに一路目指すロングハウスに向かった。ロングハウスとは、イバン族の住居形態で、いわば親族が一緒に暮らす長い家だ。家長の名前がそのロングハウスの名前だ。それがどんなところか、まだ私にもわからなかった。

目指すロングハウスの名前は、「ルマ チェメライ」（Rh. Chemerai）。チェメライというのは、ジョセフさんのお母さんの名前、つまり目指すロングハウスはジョセフさんの故郷、いわば実家なのだ。年末の三十一日夜、ロングハウスで結婚式があるからと、ジョセフさんは私たち夫婦を招待して下さったのだった。

初のロングハウス。一体どんなところなのだろうか、どんな人々がどんな暮らしをしているのだろうか……しかし、町を離れ大分経つのに両側には延々とジャングルが続き村のような景色にならない。ジョセフさんの車の後をついて行きながら、いつになったら着くのだろうと思っているところで、前を行く車が止まった。降りてついて行くと橋がある。ジョセフさんは、「下を流れるのがバワン川で、川沿いに幾つものロングハウスがあり、これから行くロングハウスもそのひとつだ」と教えてくれた。そして、この周辺地域を「バワン地域」と言うことも教えてくれた。

シブの町から信号もない道を五〇キロ、やがて自動車道路の角を曲がって小径に少し入り、坂の上まで来るとようやく前方に長い長い家の端が見えてきた。若者や年配者や子どもたちが、大勢行き来している。長い建物の中程で車を止めると、人々がみんな私たちの周りに集

ロングハウス

飾りつけられたロングハウスの廊下

まって来た。車の中はエアコンで涼しかったのだが、外に出ると夕方近しとはいえ南国だ。西に傾いた陽が夕刻近いことを示しているのだが、人々の熱気も加わってかかなりの暑さを感じた。

沢山の笑顔に囲まれながら、ジョセフさんが誰彼となく私たちを紹介してくれる。「日本人だよ！ケンという名前だ」と言うと、みんな手を差し出し握手を求めてきた。妻も、もみくちゃになりながらジョセフさんの奥さんの後を追う。この時の妻は、「ビニケン」（ケンの奥さん）と呼ばれていた。

ジョセフさんの指図で、男の子たちが荷物を屋内に運んでくれた。中程の入口を入ると、穏やかな表情の年配の婦人がにこやかに両手を広げて待っていてくれた。この方がチェメライさん。ロングハウスの長でありジョセフさんのお母さんだ。優しい笑顔で何とも言えない気品が感じられる。握手する手の穏和さで歓迎の気持ちが伝わってきた。

靴を脱いで中に入ると、そこは広い廊下。十五世帯が住むロングハウスは、全長約一〇〇メートル。従って、廊下も一〇〇メートル続いている。幅七～八メートル。中程から入ったから、左右に約五〇メートル。入った中程には舞台が設《しつら》えられていて、天井からはさまざまな飾りが垂れている。そして、バナナの木にさまざまなお菓子や飾りや飲みものなども下がっていて賑やかだ。車座になって座っているひとかたまりの人たちが居たり、飾りつけを続ける人やその間を走り回る子どもたちも居る。ふと気づいたら、廊下は意外と涼しく、不思議に何処からともなくそよ風が来る。

ひとまず、ジョセフさんの家（ビレック）に落ち着いた。私たちの宿舎は、ジョセフさんのお宅の二階、ベッドの部屋だ。このロングハウスは六年前に新しく建て替えたもので、モダンロングハウスなのだそうだ。以前は木造で高床だったが、現在ではブリアンウッドという堅い木の柱を立て、その間に煉瓦を積み、上からセメントを塗って仕上げ、ペンキで外側も内側も綺麗に仕上げた総二階建て。このタイプをモダンロングハウスと言い、防火や衛生の面からも政府推奨なのだそうだ。従って、建設申請すると補助金も多いとか。廊下は共用、各家には入口のドアがあり、そこから内側は一応その家族のプライベートのスペースということになっている。

ジョセフさんの家は、冷蔵庫も洗濯機も家庭電化製品が揃っている。ところが、電気がないのだ。家の中も廊下も、天井には扇風機も蛍光灯もある。ただの飾り？まさか！実は、夜の一定時間はロングハウス全体の自家発電機を動かすのだ。普通、電気が点くのは夕方六時半から夜九時まで。発電機はジーゼルで動き、ジーゼル代はみんなで出すのだが、一軒でいくらとは決まっていない。収入の多い家は多く出し、少ない家はわずかでよく、月によって違う。電気ばかりでなく、他のことでも基本は同じだ。

外が益々騒がしくなってきた。今日は、大晦日。それに、夜八時からは結婚式が始まる。どんな夜になるのだろうか……。

・大晦日夜の結婚式

チェメライさんは、このロングハウスの長、責任者で「トゥアイルマ」と言う。ジョセフさんはチェメライさんの三男で、長男のマイケルさんが、母親を助けてトゥアイルマの実務を行っている。マイケルさんは、ラジャン河の向こう岸にあるカノウィットという小さい町はずれの小学校の校長先生。マイケルさんは、小柄だが表情豊かな働き者で、イバンダンスの名手でもあった。次男のパロスさんも、このロングハウスに住み、彼も近くの小学校の校長先生だ。実はこの夜は、パロスさんの長男の結婚式がこのロングハウスで行われるのだった。

夕方になると、近隣のロングハウスなどから続々と人が集まって来た。乗用車にすし詰め

新郎新婦

長テーブルに並ぶ料理

で来る人たちも居るし、マイクロバスで来る人たちも居る。歩いて来る人も結構多くて、ほぼ暗くなった七時頃には、三百人以上にもなったと思う。

このロングハウスの人たちが、朝から総出で作ったイバン料理が十種類くらい廊下の長テーブルに並んだ。各人がお皿を持って料理を入れる。ビュッフェスタイルに似ているが、料理を選ぶというより全部の種類を大盛りで入れるのだ。客人は優先されるということで、私たちは最初にお皿に山盛りのご馳走を振る舞われた。バビー（豚肉）、チキン、魚から始まって、サラワク独特の野菜であるチャンコマニスやビリン、煮物あり炒め物あり、もちろんご飯に焼きそば、スープなどなど。もの凄い賑やかさの中で、廊下に座ってまず食事だ。

みんな親しい人で輪になったり、話したい相手の傍で食べる。イバン語はわからないし、英語を話す人は少ないから、あまり言葉の会話はできないのだが、なぜか楽しい。陽気な雰囲気でみんなの表情が笑っているからだろうか。

ほぼ食べ終わった頃、今度は飲みものが配られる。ビール、コーラ、ジュースなど。空腹から飲むのではなく、ほぼお腹が満ちたところで飲み始めるのだ。飲みものは、少年たち数人が箱ごと持って運んで来てくれた。

結婚式は、八時過ぎから始まった。舞台の中央に、イバン族の織り柄のベストの新郎と、民族衣装で着飾った新婦が並んで座る。カノウィットの町のカソリック教会から駆けつけた神父さんによってカソリックの礼拝が行われ、夫婦になったことが宣言された。続いて、新婦がカヤン族なので、イバン族に入る旨の儀式。双方の両親が前に出て、それを承諾する。式そのものは実に簡単だ。

お祝いのスピーチ

ドラの音で開宴の合図

そして、新郎は真っ白な格好良いスーツに、新婦はウエディングドレスに着替える。お色直しだ。それから、二人一緒に参加者全員にお酒を注いで回る。その後は、もうみんな呑んで食べて歌って、イバンの打楽器中心の音楽を奏で、イバンダンスを踊るのだ。合間で家族の紹介があったり、地域の有力者などのスピーチが入るが、どれ程の人が聞いているのだろう……そんなことにはお構いなく、話し好きな人のスピーチは長いのだった。

結婚式の祝いか大晦日の行事かわからない、浮き立った雰囲気の中で各家で作ったトゥアック(Tuak)というお酒が回り、吹き矢の競技や少女たちの美人コンテストがあったりと……この夜は特別で、いつになっても電気が消えず、天井の扇風機も回っている。丁度夜中の零時、マイケルさんの音頭で全員が乾盃。周りの人と誰彼なく握手をしハグをする。年が明けたのだ。新しい年、今年もよろしく。私たちは、ジョセフさんのビレックに一旦引き上げ、ここで再び乾盃をして新年を祝った。廊下の宴会はいつ終わるともなく賑やかに陽気に続いている。

2 ロングハウスは「村」なのだ

・ロングハウスの魅力

ロングハウスは、直訳すれば長い家。文字通り、長いひとつの屋根の下の家だ。時々日本の長屋と同じように説明されるが、建物の構造も暮らし方も暮らしについての考え方もまる

モダンロングハウス

高床式の木造のロングハウス

で違う。

私たちが訪れたのは、十五世帯が暮らす全長約一〇〇メートルのイバン族が住む二階建てだった。以前は全て木造で、高床式が普通だったそうだ。今は建て替えでも新築でも、火災に強く保健衛生面でも優れたモダンロングハウスが多くなってきている。とは言っても、今も木造のいかにも火事になったら危なそうなロングハウスは沢山ある。

政府が奨励しているとは言え、全てのロングハウスがモダンに建て替わるのはかなり先になることだろう。それで政府は、ロングハウスの防火対策にも力を入れている。モダンロングハウスと言っても、かなり木材を使っているし、一旦燃え出したら手がつけられないだろう。このロングハウスは、一応の消火設備を持っていて、年に二回、町の消防の人が来て用具の使い方などの訓練をしているそうだ。

さて、ロングハウスに入って、幅の広い廊下を横切るとドアがあり、そこから先が各家の一応プライベートなスペースになっている。この家庭部分のことをビレック（部屋）と言う。ビレック内部の間取りは、各家によって違う。ずっと奥まで何部屋もある家もあるし、入口の部屋の先に台所があり、その先にトイレがあって終わりという家もある。床は全てタイルの家もあれば、広間の先からは土間というビレックもある。

「トゥアイルマ」の名前が、ロングハウスの名前。住人は皆何らかの縁故者。何かしらの縁やゆかりのある人たちが暮らしているということだ。ただし、本当の血の繋がりがあるかどうかはちょっと疑問という場合もあるようだが……。

私が興味深く思ったのは、共用の廊下だ。この場所が宴会に使われ、会議室として使われ、

いろいろなことに使われる共用の廊下

時々行う廊下での会議

子どもの遊び場になり、雨の日の作業場にもなる。要するに、屋根付きの広場なのだ。陽射しの強い暑い日でも、廊下はそよそよと風が流れる。昼食後の昼寝にはもってこいの場所だ。

熱帯雨林が広がる高温多湿のこの土地で、身内が互いに助け合って自然の脅威を逃れ、敵の襲撃に屈せずにやってきた居住形態がロングハウスという形態だったということだろう。

今時は敵の襲撃などはないが、自然の脅威は昔も今も変わらない。激しい雨の降り方は凄まじく、雷も半端なく襲う。落雷による火事も何度か見た。電気もなく、雨も風も強い中、絶えず雷鳴に脅えながら、ランプの光を頼りに肩を寄せ合う。だからこそ、嵐が止み、空に星が瞬き、月が昇ると、みんなで抱き合って喜び、食べものや飲みものを持ち寄って祝う。そして、イバンの打楽器を叩き、踊るのだ。

ロングハウスの住人は、ひとつの家族だと言えるだろう。運命共同体とも言える。時には仲違いすることもあるだろうが、そんな時のために自分たちのルールを持っている。トゥアイルマを頂点として、みんなが了解した統治機構を持っている村だとも言えると思う。重要なことを決定する会議の決定方法は、多数決ではなく各家一票で全戸賛成が条件。例えば、このロングハウスに遠い縁故者が住人として参加を希望した場合、全戸賛成しなければ拒否する。彼らがつくり、ずっと守り続けてきた独自の民主主義だ。

住人の多くは、土地を持っていて農業をしているが、中には貧しくて土地のない人も居る。その場合は、他家の農業の手伝いをしたり、パーム椰子の農園やゴム園の労働者になっている場合もある。長いロングハウスには、五十世帯以上が暮らしているところもあり、長さは

イバンダンス

三〇〇メートルを超える。一方で、サラワク州にはロングハウス定住を好まず、自由な狩猟生活をする移動型の少数民族が、今でも暮らしている。

・三日間の宴

結婚式兼新年の祝いの宴は、延々と続いていた。遠くから来た花嫁のご両親が滞在している間は、鳴り物の音は止めないぞという覚悟を示しているようにも見える。ロングハウスの外を見ると帰って行く人たちも居るが、新しく来る人も多く、おまけにイバン族ばかりではなく、町の中国系やマレー系の知り合いも新年の挨拶のような形で来るから、接待するほうも大変だ。マレー系の人たちはイスラム教徒で、お酒は呑めないし豚肉も食べられない。もちろんみんな心得ているから何の心配も要らないのだが。

ロングハウスのトゥアイルマクラスの人が来れば、当然マイケルさんやジョセフさんのところに挨拶に来る。私たちはその度に紹介されるわけだ。何しろ、日本人の実物に会うのは初めてという人たちがほとんど。興味津々で、あれこれと同じような質問が繰り返される。話は瞬く間に広がるので、お正月の二日目ぐらいには近隣のバワンの地域に沢山の知り合いができた。そしてこの時知り合いができたことで、後々大いに助けられるのだ。

言葉が通じているのかいないのかもよくわからないのだが、「どうやら言葉はそんなに重要ではないらしい」と感じるようになってきた。議論をふっかける人も居ないし、人が沢山居れば嬉しい、後は楽しむだけ、ちょっと面白いことがあれば笑い転げるといった感じで、極めて素朴だ。しかし、信頼感というか連帯感は、グイッグイッと深まるように感じた。

新年なので、特別に発電機を回しているのだろうか、誰かが油代を寄付してくれたのかも知れない。昼間も電気が点き、天井の扇風機が回っている。イバン楽器は絶え間なく奏でられ、誰か彼かがイバンダンスを踊っている。私も「踊れ」と言われて、腰にイバンの刀を差しイバンの帽子を被って音楽に合わせるのだが、これが単純そうに見えて中々難しい。腰と膝の曲げ具合、足と手のフリは思うようにいかず、周囲は笑い転げている。不格好さが面白いのか、何度でも踊れと言う。その度におばさんたちはひっくり返って笑っているのだ。それがトラウマとなって、私はその後イバンダンスを踊らなくなってしまったのだが……。

・マイケルさんからの提案

クチンに帰らなければならなくなった朝の食事の時、マイケルさんは私たちに、「どうですか、このロングハウスに一緒に住みませんか、一番端にビレックを一戸継ぎ足して良いですよ」と言うのだ。土地代不要、但しビレックの建築費用は自分持ちだそうだ。妻は、マイケルさんのリップサービスに違いないと言うのだが、私は大真面目に受け止めた。

なぜなら、ジャングルやバワン川や熱帯の果物などの自然もさることながら、その自然と共に生きる人たち、無邪気な子どもたちの可愛さ、小学生たちの素朴さ、青年たちが大人の役を引き継ぎ年齢に相応しく自覚して行動する清々しさ、誰もが助け合っていく姿、何よりも笑い声に象徴される底抜けの明るさに、心底酔ってしまっていた。トゥアックの酒の味にも魅せられてしまった私は、その場でマイケルさんに、「お願いします」と言ったのだった。沢山の人たちに見送られて、ジョセフさん夫婦と私たちは、ロングハウスを後にした。

3　ロングハウスの一員に

・棟上式

二〇〇四年一月初め、クチン郊外の住宅地にある家に無事帰り着いたのだが、バワンのロ

私たちのロングハウス

ングハウスでの余韻は中々さめなかった。家主のジョセフさんの家とは車で五分足らずだったから、度々行き来し、イバン族のことやロングハウスのこと、或いはあのバワンという地域のことなどを聞いた。そんな過程で、マイケルさんからのロングハウス増築の話は、冗談でもリップサービスでもないことがわかってきた。

どのくらいの費用で建てられるのか聞くと、ジョセフさんは、「日本円で二百万円もかからないだろう」とのことだ。ロングハウスは、何らかの縁故者が住むと聞いていたので、「縁もゆかりもない日本人でも良いのか」と聞いたところ、「既にジョセフさんのクチンの家に住んでおり、兄弟だから問題はない」とのこと。そう言えば、ロングハウスでマイケルさんから、イバンネームといって〝ケンナカザワ アナ ケンダワン〟(KEN NAKAZAWA Ak KENDAWANG)という名前をもらい、既に兄弟になっていたのだ。

やがて、イバン流の民主主義で、一戸の反対もなく増築は認められたとの知らせが入った。それを聞いて、私のイバンダンスにひっくり返って笑い転げたあのおばさんたちの姿を思い起こして、複雑な気持ちになった。

日本で言う棟上式は、四月十七日の早朝と決めた。ロングハウスの一員になるということは、ロングハウスに何か重大なことが起こった時は私も決定に従うということで、ある種の責任の伴うことだ。それを思うと身の引き締まる思いだった。

ジョセフさんを煩わして、再びバワンに行った。トゥアイルマのチェメライさんの優しい笑顔で迎えられて、早速建築準備に入った。ジョセフさんが森林局のこともあり、良心的なシブの町の建築資材屋さんを紹介してもらい、棟上式に必要な材木と屋根板(トタン)を購入し、

早朝に行われた棟上式

建設予定の看板

棟梁《とうりょう》とその下で働くワーカー三人も決まった。棟梁とワーカーは、ロングハウスの住人だ。

四月十七日朝、暗い内からロングハウスの人たちや近隣の人たちも来て、豚と鶏の血を基礎を打つ穴に注ぎ、厳かに儀式が行われた。その時、トゥアイルマのチェメライさんから声が上がった。「このビレックは狭すぎる、奥にもっと伸ばすように」との言葉。正に鶴の一声で即決。一部屋分が奥に伸びたのはありがたいことだ。柔和なトゥアイルマのリーダーとしての鋭い一面を見た。

儀式は、日の出前に終えるのがしきたりだそうで、暗い内に始まり暗い内に終わった。この時集まってくれた人たちは、単に儀式に参加してそこに居るだけではなく、作業中にさまざまな形で加わり一緒に作業する。この時のメーンイベントは、棟上げ。地面に横たわった何本ものブリアンウッドの柱を垂直に立てて、固定しなければならない。みんなでかけ声をかけ、他所から来てくれた人も一緒に力を合わせる。無事に終わると、集まった人たちに簡単な朝食を振る舞う。そして人々は帰って行き、工事は続けられ、その日の内に二階建て全ての柱が立てられ、トタンの屋根もふき終えたのだった。

この作業に参加したのは五十人程の大人で、このロングハウスの人と近隣のロングハウスの人とが半々くらい。この共同作業は、ゴトンロヨン（後述）と呼ばれているもので、イバンの人たちの習わしとなっている。

・私たちのビレックが完成

この後、クチン―バワンを車で何十回往復したことだろう。主な用事は建築資材の調達だ。

私たちの部屋（ビレック）

2階に作った和室

シブの町をよく知らず、建築資材店がわからないだけではなく、道路もわからないので、初めは本当に大変だったが段々慣れてきた。窓枠のアルミサッシなども、何軒かのお店を自分で見つけ値引きしてもらって買った。

妻は、台所は自分の思う設計で作りたいと注文をつけた。部屋の中央近くに配膳台を作ってカウンターにし、流し台をつけるデザインなのだが、作業をするロングハウスの人は、部屋の中程に水道なんて変だと言う。そこを何とか押し切って流し台などを作り、町の建具屋さんの応援で妻の望み通りの台所ができた。できてみると、「これはなかなか良い！」

と評判になった。途中の設計変更によるこの台所は、後々ワークキャンプをするようになったり、沢山の日本からの来客を迎えるようになってみると、先見の明があったなぁと感心したものだ。

一番悩んだのは、ジョセフさんに「二階に、日本間を造れないか」と言われた時だ。畳はどうすれば手に入るのか、床柱や床の間など難問が多かったが、ペナン時代の知り合いの知り合いに日本の畳屋さんが居て、日本の畳六枚を輸入する決心をした後は、思いがけずスムーズに進んだ。畳代も輸送費も結構な金額になったが、床柱らしきものもでき、床の間のスペースもできて、和室らしくなった。そこに、妻の母親が書道の先生だったので書をもらい床の間中央に掛けた。

そして、その年二〇〇四年十一月末、私たちのビレックが完成した。費用は当初の予定の三倍近くかかったが、何はともあれ、シブ郊外バワンの地に「インターナショナルロングハウス」の名に相応しく、日本間のあるビレックが完成したのだった。

3章 イバン族との村での暮らし

1　何にもないバワン村

バワンは、シブの隣、カノウィット町に属している。ボートでラジャン河を渡れば、カノウィットの町までは三十分もかからないで行けるのだが、車で回って橋を渡ると一時間はかかるので、バワンの人は物価もやや安いシブの町に出ることが多い。しかし、役所関係などはカノウィットの町に行かなければならない。

ラジャン河に注ぐ支流のバワン川、その流域をバワン地区と呼んでいるわけだ。この地域だけで、ロングハウスは十七軒程ある。町などからの距離で考えると奥地という程のことはない。が、実際は町の要素はほとんどなく、全くの田舎だ。この地域にあるのは、自然、人間、町に続く道路、それに町から引いている水道、加えて子どもたちの学校がある。

普通日本では、村でも電気くらいは来ていて、診療所と交番くらいはあるだろう。バスかタクシーか何か公共交通機関、消防車の一台とかコンビニとかはあるんじゃないだろうか。私

舗装された一本道

シブの港

たちが初めて行った頃のバワンには、そういうものが一切なかった。郵便局（郵便配達）や銀行も電話もない。宿泊施設はもちろん、ガソリンスタンドも自動車の修理屋さんも食堂もなかった。

この何もない田舎のロングハウスに増築をして何より困ったのは、日本と連絡が取れないことだった。インターネットが通じない。そこでやむを得ず私たちは、ロングハウスとは別に、町に家を借りることにした。

シブでたまたま知り合ったサプライヤー（いわば何でも屋的な供給業者）に頼んで、空き家の家主さんを探してもらい、私たちのロングハウスから車で四十五分のシブの郊外に家が見つかった。家主さんは、ラジャン河の遙か上流のブラガという地域の小学校の先生をしている。家賃は二万円、契約成立。庭にはマンゴやバナナがなっている。電話があり、FAXも使えるし、Eメールができることが何よりありがたかった。

バワンからシブには、舗装された一本道、ニボン・タダ通りがある。この道路に沿って暮らしている人々の多くはイバン族だ。道路の右側はラジャン河だが、左側にはジャングルの中にパーム椰子のプランテーション、ロングハウス、学校などもあって、中国系やインドネシアから来た労働者もわずかに住んでいる。道路沿いに、お店があることはあるが、一〇キロ~二〇キロおきくらいだろうか、中国系の家族のお店が多い。ガソリン、灯油、食べもの、飲みものや文房具なども売っていて、値段は少し高い。

バワン地域だけ見ると、ロングハウスは十七戸だが、ウルバワンという少し上流の地域まで広げると三十戸程ある。バワン地域の人口は約二千人と言っているが、正確な人数はわからない。例えば、私たちのロングハウスは約百人と言っているが、その中にはクチンに住んでいるジョセフさん一家も含まれているし、出稼ぎで外国に行っている人、仕事や勉強で町に出ている人も含まれている。日中ロングハウスに居るのは、学齢前の幼児や乳児、母親、お年寄りが主で、賑やか好きのイバン族には少々寂しい普段のロングハウスだ。

2 ロングハウス主役級の酒、「トゥアック」

お酒好きの私が最初に覚えたイバン語は、「ウーハーッ！」だった。これは、日本語で言えば「乾盃！」。この頃、私のロングハウスでは通常「ウーハーッ カーンパイ！」という習わしになってきていた。廊下に五〜六人が集まって来て、家の中からトゥアックが出て来たら「ウーハーッ カーンパイ！」となるのだ。次々自分のビレックから持って来て注ぐので、いつまでも終わらなくなる。いつ帰っても良いので自由なのだが、嫌いではないから帰れない。

トゥアックのアルコール度を正式に測ったことはないが、十三度くらいと言われている。日本酒より幾分弱い感じだが、口当たりは良いので日本酒より量的には飲むことになる。油断して呑んでいると、結構酔っているというわけだ。

トゥアックの原料はお米。みんな家で造っている。原料のお米（餅米）、ラギという日本の麹にあたるもの（生姜と何かを混ぜ合わせて作るそうで、市場で何処でも売っていて、球状のものとせんべい状のものがある）、砂糖、水、コンテナ（壺でもプラスチックでも、密閉できる容器）があれば、一カ月ででき上がってしまう。

まず、ご飯を炊く。その前にラギを日に当てて乾かして石臼で粉々に砕いておき、炊いたご飯を容器に入れ、程良い温度に冷ましてラギの粉と混ぜ合わせ密閉する。それを常温の場所に十日くらい置いておくと、ご飯の上に水が浮いてくる。お湯を沸かし、熱いお湯に砂糖を溶かしてかき混ぜ、人肌以下くらいまで冷ましてそれを容器に入れる。そしてそのまま約三週間、そろそろ麹が発酵したような香りが漂ってくる。上澄みをすくって呑んでみる感じが何とも幸せなのだ。まだ若い内は白く濁っているが、やがて綺麗に澄んでくる。濁ってい

廊下で各家のトゥアックで酒盛り

トゥアックを造る

る若いトゥアックを飲むのも悪くはない。綺麗に澄んだものも格別。

イバンの人たちはどうやら、「綺麗に澄んだものよりも、多少濁った澄んでしまう前のトゥアックの方が好き」という人が多いようだ。奥さん方は、ガワイ（収穫祭）の一カ月前にみんなで一緒に造る。五月一日におばさんたちが揃って、みんな自分の家用のガワイ用トゥアックを造る。

一緒に造っても家によって味が違うのだ。しかも、〝あの家のトゥアックは、いつ造ってもあの味のトゥアックになる〟のが不思議。なぜだかはわからない。妻は、水道の水を使わず、買ってきた水を使う。そのためかちょっとフルーティで、日本から来たワークキャンパーなどには結構人気があり、ペットボトルに入れて日本に隠し持ち帰る若者も居た程だ。

イバンの村、ロングハウスと言えば、このトゥアックは主役級の役割を果たしている。

3　うまくできている「ゴトンロヨン」の習わし

イバンの村の暮らしを説明するのに、「ゴトンロヨン」は欠くことはできない。特別難しい意味があるわけではないのだが、かなり重要な習わしだからだ。私たちの活動もまた、ゴトンロヨンによってここまでやってこられたと言える。

ゴトンロヨンとは、「一緒に働く」という意味のマレー語。ただ私とあなたが一緒に働くのではなくて、ひとつの行事というか、あらかじめ企画して多人数が一緒に働くのだ。ある大きなこと、例えば建物建設の初日とか、毎月定期の環境整備とか、ペンキの塗り替えや土木工事、稲に稲刈りのようなことを、仕事量に応じて必要作業人数を考え、それに応じてロングハウス全体に呼びかけたり、他の幾つかのロングハウスに呼びかけたりする。

金銭のやりとりはない。無償の労働提供だ。但し、丸一日かかる時は、企画者は昼食を準備するし、目的の作業が終わったらそれなりのもてなしをする。多くの場合、仕事が終わる時間に合わせて企画者は飲みものと食べものを用意する。主に男たちの作業の場合は、トゥアックとビールとバーベキューを用意することが多いようだ。女たちは肉を洗ったり、野菜を切ったりする。肉を焼く担当は大抵男たち。

近隣のロングハウスの人たちは、当然みんな顔も名前も知っている人たちで、おしゃべりを楽しみながらの作業になる。暑い日中には長時間作業は無理なので、ある者は休み、別の者が作業して、うまい具合に回っていく。このゴトンロヨンが、情報や意見の交換の場で、かなり広範囲の地域のことをみんなよく知る機会にもなっているわけだ。

私が初めてゴトンロヨンを経験したのは、ロングハウスに自分のビレックを増築する初日、暗い内に四十〜五十人が集まって準備に取りかかり、材木にロープをつけてみんなで引っ張って土台の上に柱を立てた時だ。「暗いのに、どうしてこんなに息の合った作業ができるのだろう」と不思議に思った。

「ムヒバ」（この後に設立するデイセンター）建設時のワークキャンプには、日本からワークキャンパーが来たのだが、毎回計画してゴトンロヨンを行った。一番大きかったのは、建物の土台と床のための生コンのミキサー車九台が来ることになった時だ。

ロングハウス十戸に声をかけ、村人男女五十人くらいが集まった。それにキャンパーが十人あまり。無償の生コン車だ。本当に約束の時間に来てくれるか不安だった。六十人以上が待っているのに、もし来なかったらどうしようと……が、少しだけ遅れて町から生コン車は来た。生コン車が現れた時のあの感激は忘れられない。

キャンパーが流れ出る生コンを受ける、それを伸ばして平らにする、丁度良い加減の時間差で次が来る。この場合は休んでいられない。みんな懸命に作業した。地元の人も日本人も、

生コンを伸ばし一緒に汗を流す

ゴトンロヨンの作業の後の酒盛り

男も女も夢中で汗をかいた。一緒に働いて流す汗で、言葉は通じなくても心が開くのだと感じた。

雨水を貯めたタンクからの水で、セメントが乾きかけた手足を洗う。顔にかかった生コンを、水をかけて流す。名前など知らなくても、笑顔を交わす。ビールで「乾盃！」。これが美味しい。焼けたチキンやババビーが運ばれて来る。トゥアックもことの外美味しく、目の前に今朝までなかった床面が広がっている。

作業の成果、一日一緒に居て一緒に汗をかいて飲むお酒、ゴトンロヨンの醍醐味だ。

4　村の学校

赤ちゃんから幼児、小学生も中学生も、子どもが一杯という印象のロングハウスなのだが、赤ちゃんと幼児以外は、普段は見当たらない。夜になっても子どもたちは帰って来ないのだ。町のスーパーなどに行くと、午前でも午後でも母親に抱かれた赤ちゃんから幼児も、小学生も中学生も見かけるのだが、村には小中学生が居ない。どうして居ないのだろうか。理由は簡単だ。村の学校には寄宿舎があって、子どもたちはそこで泊まっているのだ。

小学校は各村にあるから、遠くて通えないということではない。私のロングハウスから小学校までジャングルの中の近道を通れば十分もかからないくらいだ。しかし、学校のすぐ側のロングハウスの子も寮に入っている。

つまり、寄宿舎に入っているのは、通学のためではないのだ。理由はふたつあるようで、ひとつは、毎日ロングハウスに帰ってしまえば勉強をしない、学校であれば先生も居て予習復

村の学校の子どもたち

時々「ムヒバ」でボランティア

習、補修もできるということ。もうひとつは、学校の寄宿舎に入れば、確実に三食無料で食事ができる、ということだ。

なるほど、と思った。マレーシアは、十五年程前から小学校の六年間は義務教育になった。授業料は無料。教科書は買うのだが、貧しい子どもには無料で配布される。けれども、毎日通学であれば食事は家でしなければならない。学校の寄宿舎に入れば、三食とも無料で食べられるというわけだ。

それに、学校は二十四時間発電機が動いていて、いつでも電気が点き、扇風機が回っている。これも捨てがたいのではないだろうか。

寄宿舎には、もうひとつ重要な意味がある。一言で言うと〝社会性〟だ。学校の寄宿舎は男女に別れて、四十人くらいが一棟で暮らす。同じロングハウスの子どもたちが一緒の棟で、年長者が小さい子の世話をするし、何かあれば調整し、必要があれば教員宿舎に知らせる仕組みになっている。

時々、入寮申請をしても認められないことがある。あまりにわがままだったり、暴力的だと入れない。協調性、社会性、ルール、弱い者へのいたわりを学習するとても貴重な六年間と言えるだろう。離れたロングハウスの子たちとも仲良しになれる。まるでみんなが兄弟姉妹のように見えるのも、このためかも知れない。

この寄宿舎制は村に限られている。数は少ないが村にある中学校（五年制）も寄宿舎だ。月曜の朝通学すると、金曜の午後まで帰って来ない。だから、ロングハウスは週末以外はひっそりしている。

町の学校は家からの通学。これがまた日本とは違う。学年によって、午前組と午後組に別れているのだ。午前も午後も学校で勉強では、一年中真夏のこの国では身が持たないということだろうか。単に先進国の真似をするのではなく、自分の国の将来に向けて独自の方法を探るマレーシアの教育に、大学進学率は低くても足取りの確かさを感じた。

中学生に関する奇妙なことがあった。言い伝えや噂でなく、実際にバワンの地で私が関わったことだ。今ここに書く話は、私自身見たし触ったし、実際にあったことをどう理解したら良いのか、私たちに見えない世界はいろいろあるけれども、このことは何を意味しているのか、日本にも関わることなので書き留めておきたいと思う。

ある日、たまたま用事があってあるロングハウスに行くと、少し離れたビレックの前に居た数人からちょっと来てくれとお呼びがかかった。またトゥアックかと思いながら行ってみると違う。一人の少女が寝ていて、彼女に呼びかけてくれと言うのだ。抱き起こして腕や背中をさすりながら呼びかけると返事をするのだが、不明瞭の上に消え入るばかり。どうしてこうなったか、いつからかなどを聞いてみると、どうやら旧日本軍と無関係ではないらしいことがわかった。

彼女は半月程前、中学のクラス全員で外出をし、中学校の近くの旧日本軍の兵士が葬られている場所に行ったのだそうだ。ところがその時、何人かの男の子がそこで立ち小便をしたという。その後、学校に戻って間もなく、クラスの全員に熱が出たり嘔吐したりなど異常が発生、学校は急ぎ病院に連絡し、一旦は全員が州立病院に運ばれたそうだ。やがて回復した生徒も居たのだが、何人かは入院を続け、他の何人かはロングハウスに戻ったものの話も十分にできず、身体はふにゃふにゃ芯が抜けた状態が続いていたのだった。このことは新聞記事にもなって、シブの町でも話題になっていた。

彼女のもうろうとした状態はしばらく続いたが、やがて回復した。回復した後彼女に会った時、「あの時のこと覚えてる?」と聞くと「覚えているけどもう大丈夫」とはっきり答えた。私が抱き起こした時は、身体もぐんにゃりしていたのに、そのことを想像もできない程しっ

ロングハウスの子どもたち

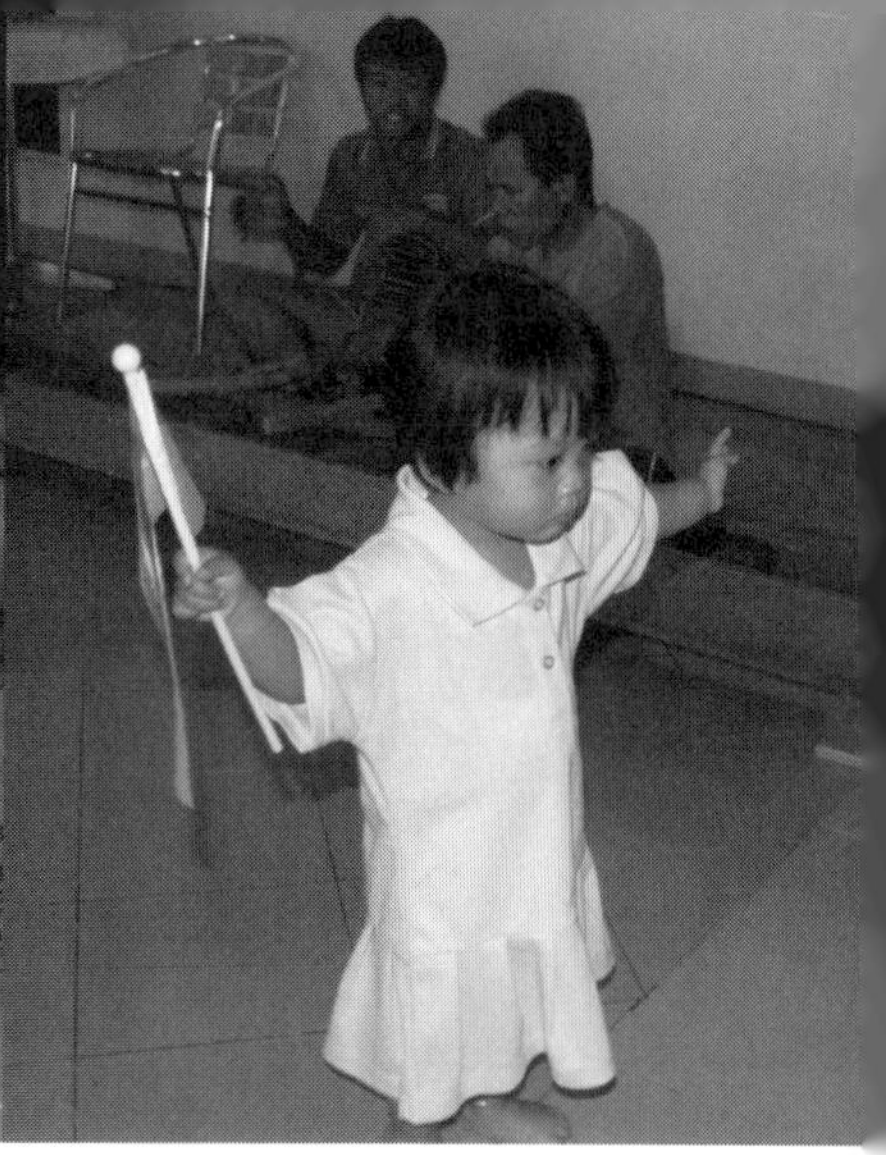

小さい頃からイバンダンスが好き

かり立ち直っていたのだ。

あの辺りに日本軍の霊がさまよっていると言うのは簡単だが、もしそうだとして、「なぜ？何のために？」。少なくとも、日本と戦う理由は何もないイバンの人たちは武器は持たず、そんなところに武装した日本軍が攻め込んだのだから……。

5　お米作りと「ガワイ」のお祭り

イバンの人たちの主な仕事は、お米作りだ。日本のように苗を育てて田植えをするのは湿地だけで、普通は乾いた土地に独特の方法で籾（もみ）を蒔く。

広い場所の場合は、先に述べたゴトンロヨンで籾を蒔いたり、収穫したりすることもある。

例えば、籾蒔きの場合は六時半には全員集合、焚き火を囲んで今日の無事や稲が育つようにお祈りをする。十字架のキリスト像を正面に置いて聖書を読み祈る。イバンのロングハウスはキリスト教が多いようで、ここの場合はカソリックだった。プロテスタントのところもある。儀式が済むと、腹ごしらえだ。美味しいパンというか揚げものが配られ、コーヒーと紅茶も注がれる。

いよいよ籾蒔きだ。男が杖のような棒を十五センチおきくらいに地面に突いていくと、女性が地面にできた深さ五センチくらいの窪みに籾を数粒ずつ入れていく。平地ばかりでなくある程度の斜面にも蒔いていく。それで終わりだ。籾は窪みに入れていくから、雨が降っても流れてしまうことはない。

籾蒔きをする場所は、一カ月程前に焼き畑をする。数日前から場所の点検をして燃えないものは取り除き、雨が降った数日後にいよいよ焼き畑をする。要所要所に人を配して、細心

お米作りの様子

の注意を払って火を点ける。豪快に火が燃える。

地域全体で籾蒔きが終わるのは、十月頃。やがて芽が出て一面が青い絨毯に。十二月、一月頃は雨季でかなり激しい雨が降り、ところによっては土砂崩れなどもあるが、稲は元気に育つ。「たくましいなぁ」と感心してしまう。

二月頃の田園の風景は、日本の稲作地と大体同じだと思う。穂が茶色くなって頭を垂れてくると刈り入れで、二月から三月にかけて行う。日本の稲刈りは稲の一番下を刈るが、イバンの人たちは特別な道具で穂だけを刈り取る。素早く刈った穂は、腰のカゴに入れていく。この穂刈り作業もゴトンロヨンですることがあるが、穂刈りは主に女性たちだ。

この先は、各家とも夫婦で作業をする。刈った穂を日に当ててゴザの上で乾燥させ、踏んだり扇風機を使ったりして穂と籾を分け、さらに乾燥させて精米機にかける。これらの作業が四月中には終わる。

他の農作業もある。イバンの人たちは、昔からゴムの木を育てたり果物を育てているが、この数年急に増えたのが胡椒とパーム椰子だ。多分良い値で売れるからだろう。働き者は少し暇ができるとそれらの作業を怠らない。一方で、そうではない人たちも結構居るのだが。

四月でお米が仕上がると、いよいよ年に一度のお祭りの準備だ。お米が豊作でもそうでなくても、五月に入れば収穫祭ガワイの準備。六月一日と二日の二日間、サラワク州は収穫祭「ガワイ」のお休み。町の銀行も郵便局も全て休み。五月に入る前から、町のスーパーでは「ガワイ、おめでとう！」の垂れ幕などで売り出しになる。

ロングハウスでも、五月一日にはおばさんたちが集まってトゥアック造り。ロングハウス全体が〝ガワイモード〟に入るわけだ。学校は、二日間だけではなくもう少し長い休みだから、ロングハウスは賑やかになる。出稼ぎに行っていたお父さんも各地から帰って来て、町で職を得ている人たちもお土産を持って帰って来る。

イバンの収穫祭ガワイは、日本のお正月に似ていると思う。お正月に、「家に遊びにいらっしゃい」と友だちを誘うように、ガワイでも誰彼なく「ガワイに来い」と誘う。違うのは、前夜祭だ。ガワイ前夜、五月三十一日夜はロングハウスの全員が集まって食事をする。ロングハウスがみんなの分を用意する。ゴトンロヨンで朝から料理する場合もあれば、各家で作ったものを持ち寄って一緒に食べる場合もある。

みんなで食べると言っても、百人分は作れない。途中でなくなればそこで終わりだ。妻は頑張ってコロッケを山程作ったこともあるし、いなり寿司や海苔巻きを作ったこともあった。途中で料理はなくなるがそれで良いようだ。みんな喜んでくれた。食事をしてゲームや踊りを楽しんで、一軒ずつ一年の反省や感謝や今後への言葉を述べ、零時の時報を合図にみんなでハグし合う、大晦日の時と全く同じだ。

前夜祭の後、数日間はいろいろなことがある。朝から銅鑼《どら》を鳴らしながら廊下を歩いたり、呼び込まれれば家に入って呑んだり食べたりもありなのだが、ひっきりなしに家族単位で他のロングハウスからお客さんが来たり、こちらから他のロングハウスを訪ねたりもする。

私たちも、あちこちのロングハウスから招かれて行ったし、自分のビレックにも招いた。当然、招かなかった人ともかち合うわけだが、全然平気で会話は弾む。初めてでもしゃべり合い、笑い合って、改めて握手したりハグする姿は一緒に居て気持ちの良いものだ。彼らが「ガワイに来いよ!」と誘う気持ちがわかるような気がする。

ガワイは、中国系もマレー系も休みだから、町からバワンのロングハウスにやって来る。出す料理には多少配慮が必要だが、ロングハウスの人たちは大喜びで歓迎する。

受容の精神とちょっとした配慮があれば、人種や民族や宗教が違っても、あまり難しく考

ガワイの様子

えることはないんだなぁと、つくづく思った。

6　村の暮らしのあれこれ

初めてロングハウスと出会ってから十四年が過ぎた。まだ五歳だった子が二十歳になろうとしているわけだ。

初めの頃の宴の折、感心したことがある。初めの挨拶や偉いらしい人のスピーチが終わるといよいよ宴会で、ビールやジュースやお菓子などを全員に配るのだが、これを十六、七歳くらいの青年たちが受け持つのだ。すると、その下の世代が次のものを配る役割をする。宴会で配るばかりでなく、外でバーベキューをする場合でも、鶏でも豚でも、焼く肉にするまでの準備を男女共心得ていて、年代毎に順番で役割を果たす。さらに、よちよち歩きくらいのまだ役割のない子が、少し年上の子の手伝いがしたくて後をついて歩いて真似をする。何とも可愛らしく、あぁ、こうして伝統が伝わるのだと感心したものだ。

ところが、三年半程前からみんな大好きだったはずの宴会が急に減った。広い長い廊下で呑んだり食べたりしゃべったりがなくなってしまったのだ。なぜか理由はわからないが、私はロングハウスに電気が通じたからだと思っている。それと、携帯電話やスマホがロングハウスにも普及してきている事実。

それらは、ロングハウスの人にとっても明らかに便利だ。自分のビレックでテレビを見たい、ゲームをしたい人が増えたこと、家電製品を買う現金が必要なので主だった働き手が出稼ぎで外へ出て行ってしまったこと、これらが原因で長い廊下でのおしゃべりや飲み会は減ったのだろうと密かに思っている。電気は、良かれ悪しかれ、先進国であれ途上国であれ、人

食べものを配る子どもたち

ロングハウスの前で遊ぶ子どもたち

の暮らしを根本から変えるもののようだ。

子どもらが成長し学校を終え働きに出ると、年に二回は帰って来る。イバン族の収穫祭（ガワイ）とクリスマスだ。その時に合わせて、よくロングハウスでは結婚式がある。これは結構今でも盛大。多くの場合は、夫婦揃ってイバン族。男性が女性を連れて来る場合もあるし、その反対もある。今でも相手側の両親や家族親戚も来て賑やかに祝う。「ヘエッ、あの子がもうお嫁さん！」と感慨深く思う。

いわゆるできちゃった婚も割合よくある。イバンの昔の戒律は厳しく、叔父と姪のような近親婚は禁止で、昔なら男女合わせて串刺しになったものだと長老などは繰り返し話している。とは言っても、若者は平気で、嬉しそうにできちゃった婚だと公表している。

結婚後の生活をどちらでするかは、あまりこだわりはないようだ。私のロングハウスの場合は、女性が男性を連れて来て一緒に暮らす例が多くみられる。男性はこちらに来てから妻の両親家族と暮らし、新しい仕事を探す。あの可愛らしい小学生だった女の子が母親になり、或いは悪ガキ坊主が父親になったりしている姿を見ると、自分の孫を見るような気分になるのは自分でも不思議な感じだ。

ロングハウスには、大勢の子どもが居る。私のロングハウスは十六世帯だが、実際には二十世帯程が暮らしている。世帯主の子どもが相手を連れて来て一緒に暮らしているからだ。そういうケースが他にもあって、乳飲み子から小学校に入る前の幼児、お腹の大きいお母さんを合わせると三十人くらいになるのではないかと思う。長い廊下を飛び回り、ハンモックに寝た乳児は、イバン伝統の敷物を編むおばあちゃんが時々声かけをしながら見ている。若い

伝統の敷物を編むおばあちゃん

廊下で子育て

母親は、飛び回る子のお世話をしながらおしゃべりを楽しみ、余裕たっぷりの感じだ。

常夏のボルネオだが、ロングハウスの廊下は意外な程涼しく、気持ちの良い風が吹き抜けている。

2部

ボルネオで障害福祉活動

3つの願い　その2

4章 デイセンター「ムヒバ」（Muhhibah）

1　少女「フィロミナ」との出会いから「ムヒバ」開所へ

十三歳の少女フィロミナとの出会いがなかったら、デイセンター「ムヒバ」は、バワンの地にできなかったかも知れない。

・柵の中に居た少女

初めてロングハウスを経験した翌年の八月、その少女は、訪ねたロングハウスの中程に作られた木の囲いの中に居た。人が近づくと脅《おび》えたような顔つきになり、私は咄嗟《とっさ》に昔読んだ「アベロンの野生児」を思い出した。澱《よど》んだ目、張りのない肌と表情、時々発せられる呻《うめ》き声……少女に近づくと、敵意のような鋭い目に変わった。私は、何かに駆り立てられるような思いがした。

「この子は、生涯この檻《おり》のような場所から出ることはないのか……」。確かに、ここに居れ

鋭い目をしていたフィロミナ

ば野獣に襲われることも川に落ちて溺れることもないだろう、彼女の安全のために作ったという木枠はその意味では有効に違いない。けれども、いのちの危険がない、それだけで良いのだろうか。

彼女の一生がこの柵の中だけで、友もできず笑うこともなく何年かの生涯を終わるのが、彼女にはやむを得ない宿命だとはどうしても思えなかった。

彼女がこの世に生を受けたことを瞬時でも喜びと感じ、生き生きと暮らせるにはどうしたら良いのだろうか、真剣に考えた。

答えは簡単だった。この囲いから出ることだ。ここを出て、仲間と出会える場所に行くことだ。

「そうだ！　デイセンターをつくろう！」。

それから私は、この辺りから通える範囲の十七カ所のロングハウスの調査を始めた。彼女を含めて五人の該当者と言える人たちが見つかった。ならばその五人が通う場をつくろうと場所を探した。整地が始まったのは、二〇〇六年一月二日のことだった。石のごろごろした土地に建設の槌音が響き出したのが、その年の七月。工事期間中、忙しい日々が続いた。ないと言えば本当に何もない。設計図もスケジュールも完成予想図も資金計画もないデイセンター建設だった。

あるものと言えば、フィロミナたちが楽しめる場所をつくりたいという思いだけだ。つまり頭の中には、常にどうしたら彼女たちが楽しめる場になるかということだけだった。フィロミナの健康が維持されるためにどんな医療が必要かとか、彼女らの発達の促進のためにはどういう療育が欠かせないかなどは頭になかった。何人かが自由に動けて、関わり合いが持てて、一緒に何かができる場はどうしたらできるのかだけを心に描いていた。

・キャンパーと村人の労働で、デイセンター「ムヒバ」が完成

何か計画する段階で私の頭の中におぼろげながら絵が描かれる。頭の中のその絵というかイメージが日毎に鮮明になるのだが、時には大修繕のように大きく変わることもある。納得がいく絵が描ける時分には、ほとんど酔ったような良い気分になるのだ。

デイセンター建設の時は、正にそうだった。でき上がりのイメージもそうなのだが、できるまでの過程についても、まるで設計図集のような頭の中というか気持ちになっていて、次々とその絵を実現しようとしていたように思う。

今思えば不思議なことだが、そこに建設業者などの姿が浮かんだことはなかった。ペナンでは建設業者が入っての大々的な工事をしてきたのに、そのイメージが浮かばないとはどういうことだったのだろう。もしかしたら、この辺鄙な地域に土建屋さんから大工さん、屋根屋さんとか建具屋さんなどさまざまな建築業者はきっと来てくれないに違いないと、早々と

諦めていたということだろうか。自分でもわからない。

ロングハウスのマイケルさんとは、村人たちのゴトンロヨンのことを繰り返し話し合っていた一方で、妻と私は日本の大学などにワークキャンプのお知らせを送る準備を進めていた。

第一回のワークキャンプは二〇〇六年八月後半に、二週間行われた。ジャングルに入り、マイケルさんが木を切り倒して製材し、キャンパーができたての木材を道路まで運び出す、夕方、マイケルさんのローリーで工事現場まで運ぶ、そんな作業から始まった。

最初に参加したのは、若者と年配者、スタッフを含めて日本人総勢十五名。その作業ぶりは現地の新聞で大きく報道され、地元の読者からの寄付申し込みが続いた。その後、「読売光と愛の事業団」による「海外ボランティア研修」もあり、これもまた現地の新聞で大きく報じられ、地元町部の住民からの寄付や日本の「アジアの子どもの教育を考える会」から図書などリソースの支援申し込みを受けた。この頃は多忙を極めたが、疲れすら気づかない充実の日々が続いた。

ワークキャンパーたち

地元の新聞で大きく報道される

寄付の一例だが、ある日、地元で土建会社をしている人から、電話で寄付の申し込みがあった。彼は、「日本の若者がボルネオまで来て頑張っているのに、地元の我々が黙っているわけにはいかない。何が必要か」と。相談の末、煉瓦一万五千個、床用タイル六千枚、天井用板四百枚、砂ローリー六台、極めつきは、生コンをローリー九台分。そして、何月何日の何時に届いたら良いか話し合ったのだ。全く当てにしていたわけでもなく、予想もしていなかった。今思えばこれがなかったら、「ムヒバ」はできなかったかも知れない。

トータルすれば多額な個人寄付金もあり、申請に応じて下さった多額の助成金や寄付金など、本当に多くの方々の熱い思いが、「ムヒバ」建設に結集したのだった。私は、それをただ「ありがとうございます」と言って受け取り、ひたすら前に進んだ。次にすることもその次にすることも目白押しだった。

村人の労働提供（ゴトンロヨン）は心強いものだった。バイクの相乗りでかなり遠くからいつも来てくれる人が居た。彼らにとって「ムヒバ」は、自分たちが建てた誇りの「ムヒバ」になっている。

デイセンター「ムヒバ」が完成した直後からの国際ボランティア貯金の協力も、忘れることはできない。在コタキナバルの総領事館からの協力は送迎ヴァン、発電機関係、電気配線工事、道路の舗装など、どれ程助かったかわからない。ワークキャンプの参加者からは、「自分の居場所を見つけた」、「何もない豊かさとは何かがわかった」、「心を開いて話せる友を得た」など、働いた大変さより、内面に得たものを書いた感想文が沢山届いた。日本からのワークキャンプはその後、二〇一七年三月の第十八回を以て最後となるまで続いた。

デイセンターを「ムヒバ」にしようと決めたのは、建築の最中、二〇〇七年中頃だったと思う。さまざまな色や音がひとつの新しい音色を創るハーモニーという意味のマレー語かイバン語はないかとマイケルさんに相談した。ぴったりの言葉はないが〝Muhhibah〟が最も近い言葉だ、ということだったので、即座に「ムヒバ」に決めた。

「ムヒバ」の建設自体が、日本とマレーシア、若者や年配者やシブの町の人や日本の団体、組織など、本当にさまざまな人たちの好意ででき上がった「ムヒバ」（調和）の結晶だったのだ。いわば国際的なゴトンロヨンという感じ。

寄付とキャンパーと村人の労働提供によって、センターは二〇〇七年十一月に完成した。工事期間は第一回ワークキャンプ初日から数えて一年三カ月。一度も工事が滞ることはなく、借金もしなかった。土地造成から始めてＡＣＥからの出費は総額二百万円。そして十一月には、主なスタッフを採用した。

・あれはやっぱり奇跡だった！

私は今、これを奇跡だったと思う。その頃の私は、これを奇跡だなどと思っていなかった。そんな余裕がなかったというのが正直なところだ。忙しくて、次から次と課題が降りてきて、思案していると寄付の申し入れがあり、ホッとする間もなく次の課題、冷静に感じたり考えたりするゆとりに欠けていた。

やがて時間が過ぎ落ち着いてみると、「単に偶然とかラッキーとかではないのではないか、何処かで何かの力というか、むしろ思惑が働いていたのではないか」と思うようになった。実際、それはわからない。私に言えることは、正に奇跡的な経過を辿ったということだけだ。

今私が奇跡だと思うのは、全く滞ることなく発意して二年後にはフィロミナの待つデイセンターが開設できたということ。この奇跡に、私は幸せを感じ心から感謝している。

瑞宝太鼓

手作りの開所式

・和太鼓の音色と共に「ムヒバ」が開所

二〇〇八年九月二十七日、晴れて青く澄んだ空の下、暑さも忘れて数百人が感激の中に居た。手作りの舞台の上での奏者たちの熱演に、村人の何百の目と耳が吸い込まれ圧倒されていたのだ。

感動を、どう表現したら良いのかわからない。和太鼓の力強く繊細な音色が、サラワクのジャングルに染み込んでいった。圧倒的なボリュームと繊細な音色に、しばらくは拍手も忘れるような感動に包まれた。

私はまた、特別の思いで耳を澄まし胸に染みるものを感じていた。遙か七十余年前、サラワクの土を踏み、そこで終えた兵士や民間人が居た。その人たちも今この和太鼓を聞いている、確かに懐かしい、勇ましくも繊細なこの太鼓を聞いている、いや、この開所式全体を見ているに違いない、太鼓の演奏をする奏者の姿を見ているに違いないと。もはやそれは言葉ではなく、霊が静かに舞い降りたような空気だった。私は胸が詰まった。

その日、「ムヒバ」はスタートした。「ムヒバ」のメンバー、スタッフ、土地開発省大臣のジェームス氏（YB Dr. James Masing）、コタキナバルの日本国総領事館副領事の岡田裕貴氏、村人二百人余が参加した。プロの和太鼓集団「瑞宝太鼓」招請には、独立行政法人国際交流基金、社会福祉法人南高愛隣会などの多額の助成金や寄付金の他、日本の親しい友人たちや、ペナンやイポーの友人たちの温かい支援を受けた。素晴らしいイベントとなった。

地域福祉は、地域住民と共にあるのが基本というのは当然だ。制度や専門家だけでは、福祉社会はつくれない。社会とは人々だから。そう考えて、福祉資源的には未開のボルネオの村という場所で、実践の場づくりをした。

開所式。沿道に旗、門飾り、建物内外の装飾もみんなで手作り。式典などの舞台も、ジャングルから木を切り出して手作り。テントは州政府からの借りものだった。障害者の施設と聞けば反対運動が起こりかねない日本だが、この地では、ジャングルで木を切り倒すことから始めて、村人たちと日本の若者が共に汗を流して作った。みんな無償で働いてくれた。このことは、地域福祉ということを考える上でとても大事なことだ。

瑞宝太鼓の和太鼓奏者たちは、この後シブの町とクチンでも演奏し、ペナンでも演奏会を行った。和太鼓の音には、これから真の友として歩みたいという田島理事長はじめ南高愛隣会の祈りが込められていた。

ムヒバの開所には、瑞宝太鼓に「是非来て演奏して欲しい」という私の願いを聞き入れて実現して下さったことに感謝すると共に、和太鼓が日本とマレーシアの人々の間の交流の新たなきっかけになれたことを、私は本当に嬉しく思っている。

2 「ムヒバ」の活動

・ムヒバの基礎づくり

二〇〇八年一月末、開設前には町のライオンズクラブとシブの医療チームが連携して、センターの場所を使って村人の健康診断をしてくれた。病院がない、医者がいないこの村では健康診断の機会はなく、この日には大勢の村人が「ムヒバ」に集まり、血液検査から始まって多くの健康項目をチェックした。

この日もの珍しさもあって、「ムヒバ」には百五十人程が来たと思う。待つ人はすることがないから建物の内外や教材などを隅々まで見て歩いた。こうして、村人のリソースセンターのような役割を果たすことから「ムヒバ」は始まった。

現在の「ムヒバ」の在籍者数は二十五名だが、親が一時的に転居したり、本人が職場実習

開所前に行われた村人たちの健康診断

「ムヒバ」

を続けていたりして毎日来られない人も何人か居るため、実際に毎日来るのは二十人程。日本の児童相談所や福祉事務所に当たる機関はなく、「ムヒバ」を利用するかどうかは直接面談で決める。「ムヒバ」の噂を聞いて、親が子どもを連れて訪ねて来るのが一般的だ。面接には、本人と親だけではなく、本人の兄弟姉妹、その他家族全員で来ることも少なくない。過去十年の間に、希望してきて断ったことは一度もない。これまでに病気で亡くなった子が一人、学校に通えるようになって退所が一人、家族で遠くに引っ越していった人が三人居る。

デイセンター「ムヒバ」が正式な名前。デイケアセンターとかデイトレーニングセンターとは言っていない。ここに来たら、何にもとらわれず何でもできるセンターという思いが込められている。だから強いて言えば、デイアクティビティセンター「ムヒバ」だ。

二〇〇八年一月二十七日、「ムヒバ」が活動を始めた。朝、メンバー（利用者）五人を乗せて十人乗りのヴァンが「ムヒバ」に到着した。迎えたのは、二人のケアワーカー。ぎこちない活動が始まった。（正式な開所式は前述のように九月）

二カ月前に採用したスタッフは、一日の流れや遊具・教具の種類、何をするかは理解していたが、実際に動くのは初めてだ。福祉や教育の勉強はしたことのない、全てはこれからのスタッフ。メンバーは、フィロミナがおばあちゃんつきで、他の男女は小学校卒業後間もない二人と二十代半ばの二人。二カ月後には調理の女性がパートで加わり、給食も始まった。それまで午前中で終わっていたが、給食を挟んで午後は三時十五分までになった。

女性スタッフたち

ロビーで来客を歓迎

初めは、いろいろ自由に試みることから始まった。ある時、スタッフが四〇センチ程の長さの鞭で机をぴしっと叩くのだ。良い音がする。ビクッとして身が引き締まる。これは、マレーシアの学校では何処でも使っているもので、クラスの全員を一斉に注目させるには便利な道具だ。が、どう考えても威圧的。心を開き、個性を自由に伸ばすのには似合わない。それで、この鞭は止めようと、戸棚の奥にしまった。

鞭がなくなったからといって、メンバーが急に自由に明るくなるわけではない。しばらくは、陰気くさいと言いたくなる程暗くて、動きもゆっくりだし、言葉が話せる人でも声が小さく、生き生きしたものが感じられなかった。

ロングハウスで面接した時も、十四歳のロジタは何を聞いてもうつむいていて返事はなく、おとなしすぎて困ったのを思い出す。また、初めの頃の「ムヒバ」はスタッフの声ばかり大きく聞こえて、メンバーは益々萎縮したように静かで、日本から来たワークキャンパーは、スタッフが怒っているようで「怖い！」と言ったものだ。

ところがメンバーのたくましさは素晴らしく、やがて目に見えるように一人ひとりが変わった。元気で明るくなったのだ。この変化は、「ムヒバ」の自慢だ。

ここが〝自分の場〟として位置づくと、周りの人との関係が急速に深まる。みんな通った道だから早いのだろうか……ここが安心できる場所だとわかるまで、約二週間。動き方に大きさ（萎縮していない）を感じるようになり、お互いメンバー同士の繋がりが見えるようになった。スタッフも言葉で号令ではなく、新しいことでも一緒にすることが効果的だということがわかってきたようだ。

盛り上がるスタッフとメンバー

ボランティアで来てくれた内園一家

方針を出し始めたオープン二年目には、内園茂明さんと千枝さん夫妻が二人の子どもと一緒に長期ボランティアで日本から来てくれた。日本とは基本が違うところで、新しい空気がどうすれば生まれるか、学ぶことが多かったのではないだろうか。

開所から三、四年の間に、メンバーは徐々に増えた。「ムヒバ」を伝え聞いた人たちが、かなり遠くからも来たいと言ってきた。運転手のマラッカは一度も「駄目」と言わず、送迎は「いつでも大丈夫」と言ってくれた。ところが、開設十年を経てメンバーの人数が増えたため、運転手一人のヴァンの送迎では間に合わない。やむを得ず最近では、時間を少

朝礼

送迎のヴァンが到着

しずつ早めて調節している。いずれにしろ、運転手と付き添いのスタッフは、朝六時半から夕方五時過ぎまでの長い勤務時間になる。

五年程で、「ムヒバ」の基礎ができたと思う。明るく伸び伸びして、メンバーが自信を持って自分で判断しながら動くようになり、小さい子や弱い人を助けたり、他のメンバーと協力できるようになった。

・「ムヒバ」の一日

毎朝三回、一台のヴァンが迎えに出る。朝、みんなが揃ったら朝の挨拶、メンバー一人ひとりと今日の活動の確認をする。人の集団はそれなりに力を持

さをり織りの作業

スタディ時間

っているもので、朝のお掃除を分担して進め、終わったらリフレッシュメント（朝食或いはおやつのようなもの）をみんなでいただく。その後は、四十五分程スタディ時間としてテーブルに集まり、簡単な数やアルファベット、自分の名前、ものの名前などを学習するのだ。これがまた楽しそうで、ゲーム感覚で全員参加。その後、それぞれの作業に入る。

メインは、日本の織物の「さをり織り」。織機は現在十台ある。何人かは、織機に縦糸がセットできるようになった。糸は高価で買えないため、ペナンＡＣＳの厚意によって無色の糸を安く購入し、自分たちで草木染め（Natural dye）なども取り入れて

外での作業

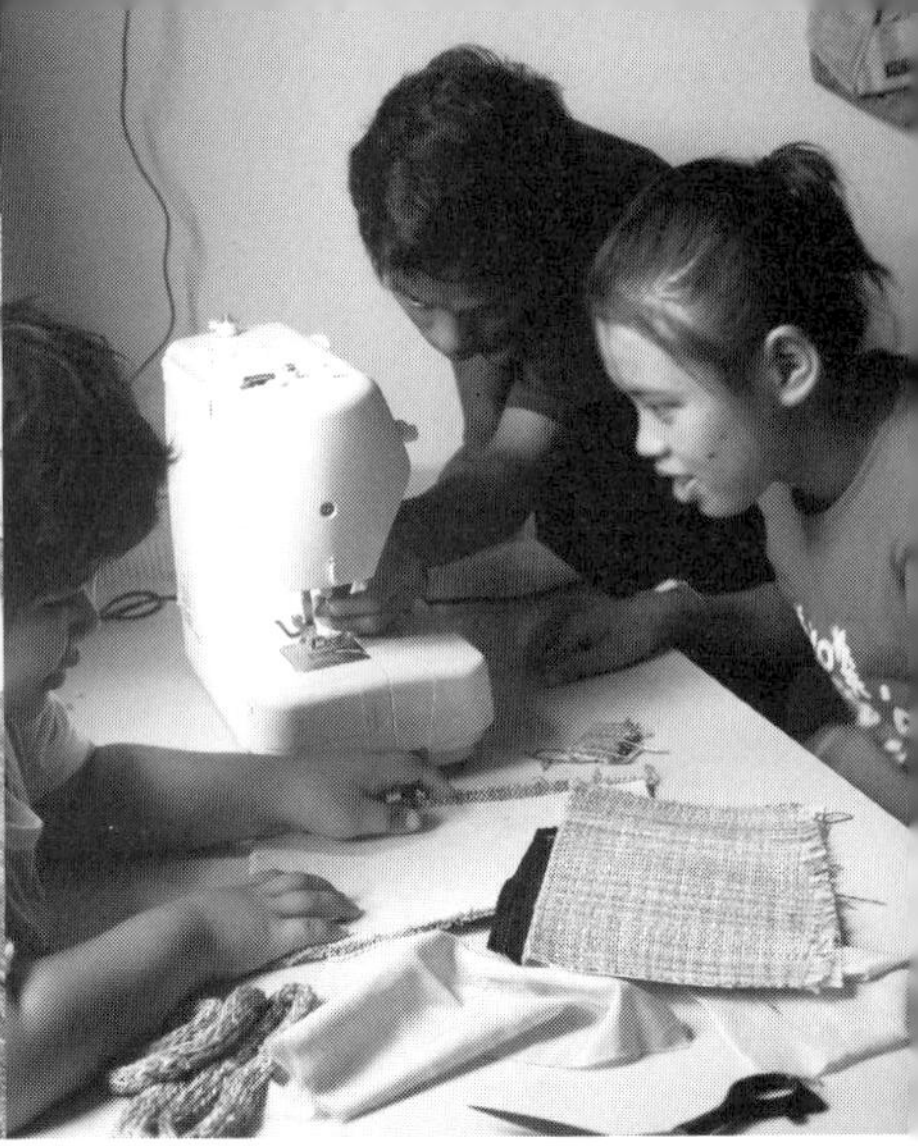
ミシンで製品を作るメンバー

染めている。作業は、織りに関わるさまざまなことや製品作りがあり、ミシンかけなども習う。また、「さをり織り」以外にも徐々に活動内容は広がっていき、外作業（野菜畑の手入れや池の魚捕り、修繕など）もメンバーは大好きだ。

そうしていると、すぐに昼食時間になる。昼食は、メンバー、スタッフ共無料で提供している。貧しい家庭では満足に食事が食べられない人も居るし、全体的に栄養が偏っていたので、最初から食事には気を使った。調理担当のスタッフを二カ月目に雇用したのもそのためだ。二年後には大きな池を造って魚を養殖したり、鶏を飼って卵を得たり、野菜畑や果

昼食の時間

ムヒバの池で捕れた魚

樹園を造ったのも、栄養バランスを考えてのことだった。それらを外部に売って現金を得ようと考えたことはない。栄養改善は、やがてメンバーの家であるロングハウスにも影響していったら良いと思っていた。普段のロングハウスの食事は、タンパク質やビタミン類不足なのだ。

食事は、みんなにとって楽しいひと時だ。賑やかに話しながら美味しそうに食べる人たち。テーブルに並ぶメンバーの場所は日によって違う。つまり、好きな人同士が並んだり思い思いの場所だ。

小さな子どもをサポートしようとするお兄さん、お姉さんメンバーも役割として決まっているわけ

大広間でバスケットボール

昼食後ブランコでおしゃべり

ではない。自発的に手などが不自由な人や小さい子どもにスプーンで、あ～ん、と食事を運んでくれるメンバー。

こうしたメンバー同士が助け合う雰囲気は自然発生的で、私たちは感激した。スタッフは一番重い障害の子どもに関わっているため、こういったメンバーの行為は助けにもなったが、誰も、助けているとか、可哀想だからというのではなく、本当に自然に行われているのだ。作業や製品作りなどの場面でも、できる人が手伝い、教え合っている。それによって「ムヒバ」の空気ができてきた。

昼食後は、掃除をして休憩。大型ブランコでのお

大広間でダンス

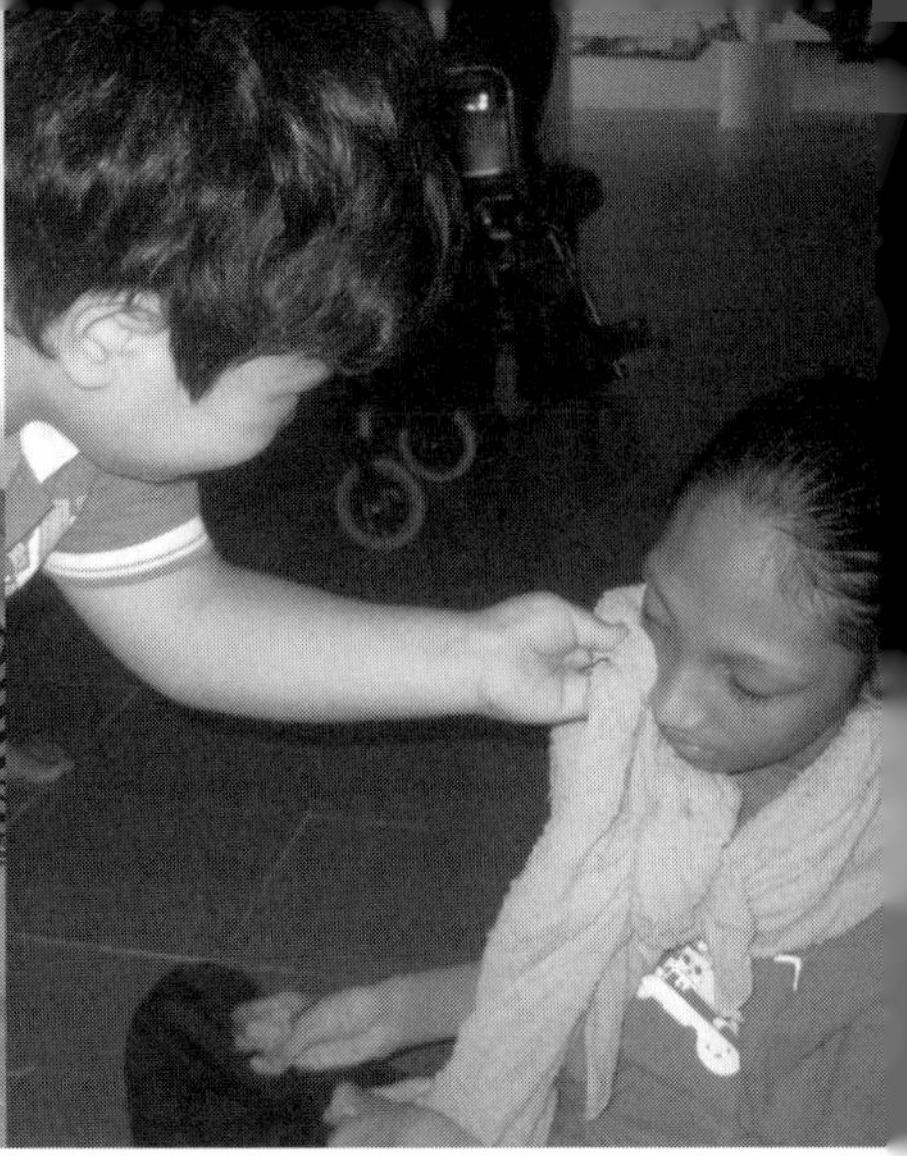

思いやり

しゃべり、午前の作業の続きの人、マラッカのギター演奏に合わせて歌う人、床に大の字になって寝る人など、さまざま。スタッフも一緒におしゃべりしたり歌ったりだ。スタッフだけの休憩時間も場所もない。

午後一時には、活動再開。毎日三十分はみんな座って一緒の活動をする。地元ライオンズクラブや大阪の教育団体からいただいた本やビンゴゲームやおもちゃを使ったり、塗り絵であったり、スタッフが自分たちで作ったものを使ったりする。その後は大広間に出て、音楽、スポーツ、ゲーム的なこと、ダンスなど、身体を動かすことをする。

お互いに耳掃除

丘の上の池で休むスタッフとメンバー

朝の集まり、午前の活動、昼休みの様子、午後の動きで、メンバーの体調、精神状態がかなり把握できるのだ。

その後、休憩して水分補給をし、終わりの集まりをして、ロングハウスに帰る。

・金曜日の午後は全員参加のスタッフ会議

週間プログラムや日課の検討は、二年目の途中から始めた。三年目からは、会議形式。そのために、一週間のうち金曜日は特別の日とし、午前はみんなで普段できない掃除や環境整備をして、昼食が済んだらメンバーは帰り、午後からはスタッフ会議をす

池掃除

みんなで音楽

ることにした。

会議では、今週を振り返り来週の予定を確認する、一日の日課と週間スケジュールを考える、そして毎週必ずメンバー一人を取り上げて、ケースカンファレンスをすることにした。

職員会議もケース会議も全部の職種が参加する。ケアワーカーだけではなく、守衛さん、調理のおばさん、運転手もだ。今は居るが、当時事務職員は居なかった。現在は、全職員八人。八人が良いチームとして機能するためには、共通理解、共通の問題認識が必要だ。

職員会議の中で、私は毎回テーマを決めてスタッ

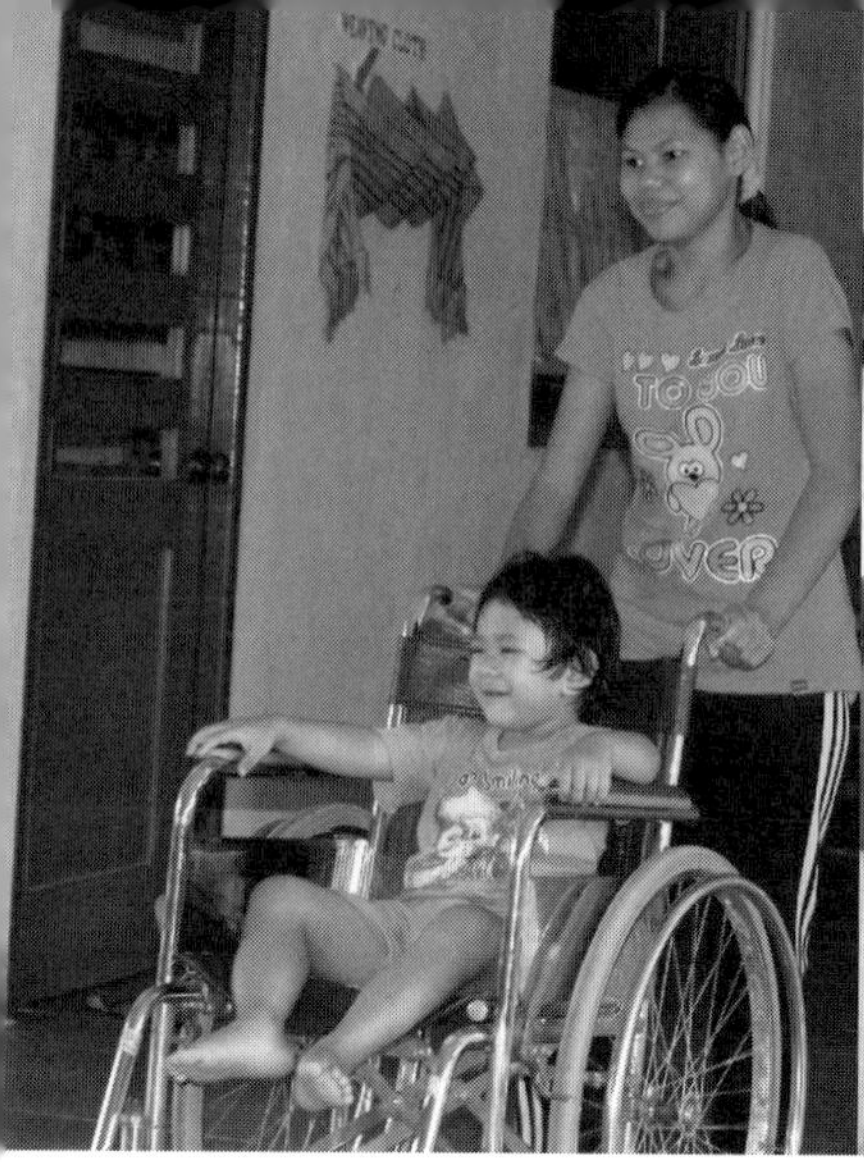

車椅子で遊ぶ二人

全員参加のスタッフ会議

フに話をした。時には福祉の話、時には教育の話、或いは実践に関することも、時事問題も。福祉関係を例に羅列すると「クリエイティヴ」、「モティベーション」、「レディネス」、「リフレッシュメント」、「ノーマライゼーション」、「チームワーク」……必要なことを全スタッフが知っていて毎日の仕事の中で生かすことは、チームプレイに欠かせないと考えたからだ。

例えば、「メンバーズファースト」。

「ムヒバ」では、まずメンバーが大事だということ。来訪者が、お土産を「皆さんへ」と差し出すことがある。最初はスタッフが受け取っていたが、全

イベントを計画するスタッフたち

年齢にかかわらず仲良し

てメンバーが受け取り、メンバーが包みを開くのだ。お土産を各人が自分で選ぶ時は、小さい子や障害の重い子が先に欲しいものを取る。それが当たり前になってくると、町からプレゼントを持って来てくれる人たちの感じも変わってくるようで、子どもたちの顔を思い浮かべながら品物を選んで持って来てくれるのだそうだ。

年間計画づくりでは、日常活動の大切さを話し合いながらイベントの計画もした。例えば、年に二回、製品を販売したお金を分配して、町のスーパーにショッピングに行く。製品の作れない人にもお財布とお金を用意する。二台のヴァンに分かれて、行ける

外の食堂で昼食

「ムヒバ」のヴァンで出発

人は全員行き、その日は私も運転手。自分のお財布に自分のお金を入れてのショッピング。クリスマスの前とガワイの前の二回。

行く前は、しばらく前から準備をする。コピー機で模擬紙幣を作ってお金の種類や価値を勉強したり、おつりの勉強をする。また、買いたいものは何か、値段はどれ程かなども事前に調べておく。スタッフは大変だが、楽しんでやっている。

買い物は、初めの頃は戸惑っていた人も段々自分の好きな色や柄のものを選ぶようになった。買うものは衣類、帽子や靴などが主だ。女性は化粧品、飾りなども買う。買い物の次は昼食。食堂で、初めの

ケーキで祝う誕生会

買い物から帰って来ました

頃は全員が同じものを食べていたが、今は自分の好きなものを注文して食べている。

「ムヒバ」の自慢は、メンバーの明るさと優しさだ。どのメンバーも初めしばらくは声も小さく暗い顔をしていた。それが概ね二週間で明るく、活発に変化した。声が大きくなり、動きが機敏になり、表情が明るく輝いて、人に優しくなる。

自分が認められている、ここに居て自由にできる安心感、自分の場所に居るという喜びが、優しさの源なのだろうか、理屈はともかく、「ムヒバ」が好きだということに尽きるのかも知れない。

3 「ムヒバ」をつくった天使・フィロミナ

・フィロミナの「変化」

みんなの笑い声が聞こえる。織物室の入り口、歩行器に体を入れた小さいフィロミナが居て、身ぶり手ぶりのフィロミナ語。それに呼応するようにメンバーたちがしゃべり、笑い合っている！フィロミナが確かな言葉で話しているわけではないけれど、まるで歌っているようなこのリズム感、この空気、この雰囲気、明らかに仲間同士の会話だ。幸せそうなフィロミナ。メンバーの仲間意識。まさに、「ムヒバ」のシンフォニー。

昼食時間。みんなそれぞれ、思い思いに食卓につく。大方は自分の好きなテーブルに。数人が床置きのイバンスタイル。このほうが身体的に便利な人たちなのだ。フィロミナには、付き添いのおばあちゃんがやはりイバンスタイルで彼女を待っている。ところが……フィロミナ

食事をするフィロミナ

「ムヒバ」の正門

は祖母が差し出すスプーンを右手で払い、近くに居たスタッフのジェニーを左手で指さしている。「わぁー、すごい！　これはフィロミナの意思だ！」と、手を叩く私たち。ジェニーは、いそいそとおばあちゃんから昼ご飯の入ったお皿とスプーンを受け取り、少しずつフィロミナの口に食べものを運んでいる。天井扇の微風に揺れるショートカットの頭髪と彼女の笑顔が柔らかで心地良さそう。横で見ているおばあちゃんも嬉しそうだ。

言葉が話せない、でも、ちゃんと自分の思いを伝えられる。「これってすごい！」彼女は思いを表現し、喜怒哀楽の表情を示すようになったのだ。初めて会った時、ロングハウスの廊下で柵に入れられて、つり上がったような鋭い目で周囲を睨んでいた彼女と同一の子どもとは思えない。

当時、彼女は十三歳だと聞いたが、身体は四〜五歳の幼児に見えた。重い障害のために全身の発育不全、機能的、知的にも障害が重複していて、無言語、排泄を伝えることもできないのだ。両親は畑があるから、柵から出られない環境の中でひたすら祖母の世話に頼っている暮らしだった。保身本能が働くのか、外来者に敏感で瞬時に身構える。しばらく彼女の側にいると、周りに子どもたちが寄って来るのだが、彼女には仲間が来たとは思えなくて、脅えた表情で奇声を発していた。

彼女の祖父に当たる人は、このロングハウスの責任者だが、彼女をどうすることもできずに悩んでいた。この子に何とか良い環境を与えたいけれど、そんな場はなく、あっても遠く離れた都会には出せないし、どうしたら良いかわからない、ジャングルに迷い込むことを考えたら柵からも出せない、何とかならないだろうか……と、私たちに訴えたのだ。

ソフトオープニングの時のフィロミナ（右側中程）

「ムヒバ」の建物

「ムヒバ」ができて、フィロミナが通い始めて、わずか半年でこの変化だ。やはり、「外に出る」、囲いの中ではなく「動ける」、「仲間が居る」ということがどれ程大切か……スタッフとの話し合いで、「変化に気づく」を支援のキーワードとした意味をみんなで確認できた体験だった。

二〇〇八年二月、「ムヒバ」のソフトオープニングの時、多くの村人に混じってフィロミナはおばあちゃんの膝に抱かれていた。私が来てくれている人たちに挨拶をしながら歩いていると、突然、彼女の手が私を引き寄せて、私の腕をペロリと。それが、フィロミナの挨拶だった。

そして、彼女は間もなくおばあちゃんと一緒に迎えのヴァンに乗って通い始め、半年もしない内にまるで歌っているようなフィロミナ語を話し始めたのだ。

通い始めた頃のフィロミナは、おばあちゃんの腕にすがりつくようにして周囲をうかがう様子だったが、そんな期間はわずか！あれよあれよの間に、嬉しそうな顔を見せるようになり、握手のつもりで手を出すと、その手をぐいとつかんでペロリと舐める、これが親愛の挨拶になった。

・フィロミナとの別れ

私は、フィロミナの可能性を夢見、いつか、食事は自分の手で食べられるだろう、いつか、パンパースを使うことなく排泄も可能になるだろう、いつか、イバンの衣装を身につけて、みんなと一緒にダンスをする日が来る……私の思いは膨らんでいった。

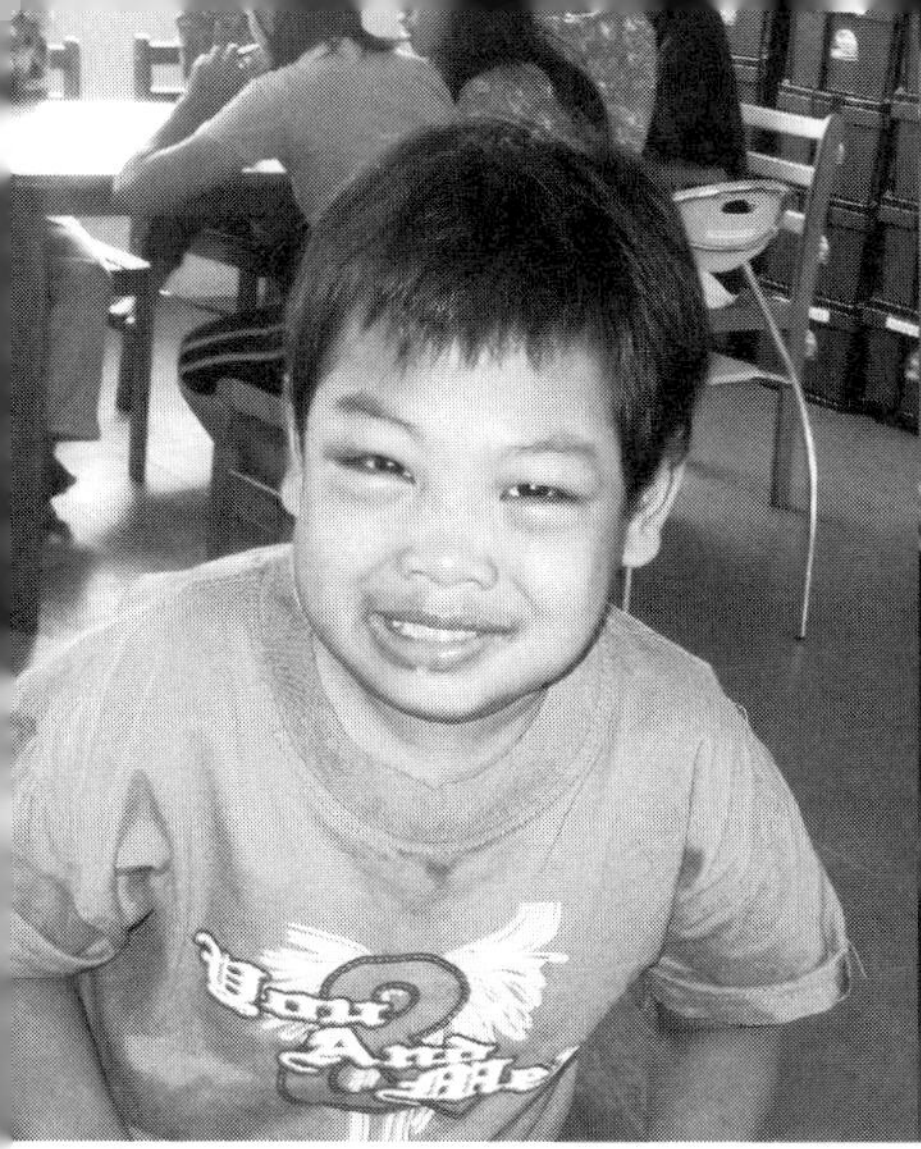

笑顔のフィロミナ

「ムヒバ」の池の蓮の花

しかし、元々、虚弱だった彼女は、十七歳でこの世を去った。私たちは、年一回の総会（ACE）のため帰国中だった。知らせを受けて呆然としたが、どうすることもできなかった。

亡くなる四日前に「ムヒバ」の診療室に来てくれた医師の診察を受け、その時は既に飲食物を何も受けつけなくなっていた。医師からすぐ病院に行くように指示され、シブの州立病院での診療の後、家で最後を待つように言われて帰宅し、わずか二日で逝ってしまったのだ。

芳紀まさに、十七歳。青春真っ盛りで帰らぬ人となった。

・フィロミナとジョシュア

「ムヒバ」でのフィロミナのことを思う時、私はいつも一人の青年のことを一緒に思う。いつ、どんな時でも、どんな人にでも「優しさ」を発揮できる青年ジョシュアだ。

時々「ムヒバ」で地域の人が集うイベントがある。沢山の人が居るからとりあえず椅子は地域の人々に空けておくのだが、私がそれとなく立っていると、トントンと肩を叩かれ、何処からともなく椅子が差し出され座るようにと示される。「あぁ、年配者に優しいジョシュアだな」と嬉しくなって座る。

実は、彼は字が読めないし書けない。計算もできない。マレーシアではスローランナーと言われる、中学に進めなかった子の一人だ。一事が万事、ジョシュアの優しさは来訪者にも仲間にも同じ、彼は人気者だ。その親切は押しつけがましくなく、得意気でもなく、本当に自然の動きと笑顔で示すから、こちらもあっさりと受けられる。これって、一種の才能なの

ジョシュアと遊ぶフィロミナ

「ムヒバ」の丘

だと思う。

ある時、この地域に雨が続いて、ジョシュアのロングハウスまで迎えの車が入れなかったことがあった。とにかく、道路が腰までつかる程の冠水。当然、その日はジョシュアは欠席。ところが午前十時半過ぎ、息を弾ませながら彼が来た。冠水している道路を越えて、二時間以上歩いて、「ムヒバ」に来たかったジョシュア。「あぁー、やっぱり彼にとって、このムヒバは一日でも休みたくないところなんだ。仲間が居る、役割があるという確かさに、彼自身が喜びを感じているのだ」と、胸を打たれた。このジョシュアを、フィロミナは慕っていたのだ。

彼女は、ジョシュアを目で追い、歩行器で移動して行って、後ろからそっとジョシュアの手を取る。フィロミナは、小さい歩行器に入ってかなり自由に動けるようになっていた。彼女が度々ジョシュアの居る場所に近づく、するとジョシュアも応えて一緒に動いたり、意味は不明だったが、会話が始まったりした。優しいジョシュアは、フィロミナが大声を出して笑うように遊んでいた。フィロミナの笑顔が一層可愛くなって、フィロミナ語がメロディーのように聞こえるようになった。

・「ムヒバ」の天使に

フィロミナの人生はわずか十七年だった。短い人生だったが、最後の一年半足らずで、彼女は思う存分花の青春を送ったのではないかと思うのだ。あのロングハウスの柵から出て、毎日通う場を得た。そこにはいろいろな仲間が居たし、一緒に活動もした。会話をして歌って、恋もしたのではないかと、私たちは秘かに感じている。

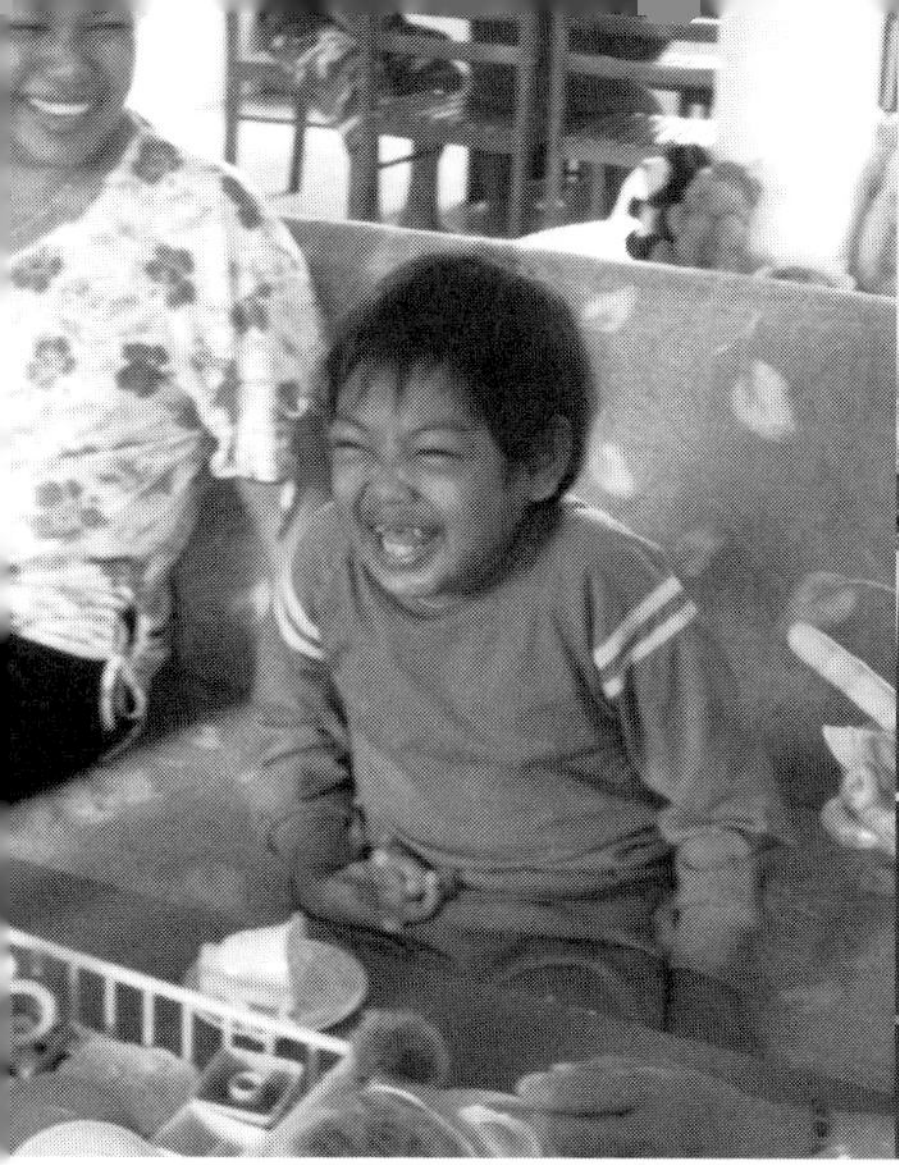
大きな声を出して笑うフィロミナ

「ムヒバ」のフィロミナコーナー

ホールのフィロミナコーナーには、天使のような彼女の写真が飾ってある。
　フィロミナが居たから生まれた「ムヒバ」は、毎日二十人を超える賑やかな笑い声で充ちている。
　この村の住民の人たちも何気なく立ち寄り、時にはゴトンロヨンに協力してくれるし、町からも時々企業や若者グループやライオンズクラブなどがプレゼントを持って来たり、時には「ムヒバ」でファミリーデイの集いをする。このところ毎年、地域の小学校の六年生がクラス丸ごとで来て、朝から午後までメンバーやスタッフと過ごす。メンバーと同じロングハウスの人も居て、メンバーが小学生たちに

「さをり織り」を教えたりしている。

私は、何かフィロミナが企画してみんなを招いているような気がしてならない。障害のあるなしにかかわらず誰でもが訪れる場、地域住民の憩いの場であるようにと、彼女の願いが感じられるのだ。

フィロミナが遺したプレゼントは、これからもこの地域をつくり続けていくことだろう。外にはそよ風が吹き、木々のざわめきに乗ってフィロミナのおしゃべりのような歌が聞こえてくる。のどかさ、安らぎが漂う。彼女が天国で歌っているのは、平和の呼びかけの歌なのかも知れない。彼女は、「ムヒバ」の天使となった。

みんなの寛ぐロビーに、今もフィロミナの詩がきこえている。

5章 その後の活動

1　開設から十年が経った

・これからは、地域の人たちで

「ムヒバ」を開設してから、十年が経った。私たちがバワン村と出会って三年を経過した頃に「ムヒバ」はオープンしたから、私たちは通算十三年をバワンの地で過ごしたことになる。

思えば、日本では経験したことのなかった「電気のない暮らし」だった。朝、ローソクの灯りで食事の支度をするのは私には大変なことだが、村人にとってそれは「普通の暮らし」だった。

日本に居た頃、障害をもつ本人から「私たちは普通の暮らしがしたい」と訴え続けられ、「普通の暮らし」というものに焦点を当てて活動してきた私にとって、この村の普通の暮らしが私の暮らしになって、改めて「普通とは何なのか?」を考える機会となった。

村の暮らしの中で生活文化レベルはともかくも、明らかに「普通でないこと」がある。それは障害をもつ人が学校に入れてもらえず、仲間が得られず、家族と共に暮らしながら、何もすることがない、何処にも行けない暮らしを余儀なくされている現実。フィロミナに限らず、彼らは家族の働きで食べて暮らしているけれど行き場がないのだ。

ロングハウスを訪問してみると、そんな人に何人も出会った。みんな一様に、暗い顔、排除的な空気の中で〝存在〟している人たちなのだ。村人は、それでも「障害者は居ない」と答える。彼らは、目に見える形での身体障害以外は障害ととらえていなかった。「ムヒバ」のセンター建設に取りかかる時にも、村人は好意的に労働力提供という協力をしてくれたが、その時点では私たちが何をしようとしているか理解していなかったと思う。日本人が何かこの村で自分たちに有益なことをしてくれるようだから協力しよう、という感じだったと思う。

それから十年経ち、棟梁のヌインや当時作業に関わった村人たち、日本からの作業助っ人、また各方面の応援団の皆さんに今改めて感謝の思いをお伝えしたい。これからは正に、地域の人たちで運営されていく。その先行き、「ムヒバ」が希望と共に継続されるよう、祈る思いだ。

・ワークキャンプを、もう一度

この十年を思い起こせば、本当に感謝の思いがあふれる。「さをり」の城英二さんや八重樫さんたちが来てデモンストレーションをして下さり、その後、スタッフのポーリンを日本に招いて下さって「ムヒバ」の「さをり」の礎ができ、今に繋がっている。

ワークキャンプの呼びかけに呼応して集まってくれた若者や年配者、協力してくれた村人たち、池ができ、池への階段ができ、国旗掲揚塔ができ、山の上の遊歩道ができた。それらによって、毎日の朝礼ができるようになり、池には魚が育ち、メンバーたちの楽しみが増し笑顔が一段と増えた。

私自身も体力が保てば、あと一回でも二回でもワークキャンプがしたいと思っている。天

一緒に汗を流したワークキャンパーたち

協力してくれた村人たち

国のフィロミナもそれを待っているのではないかと言ったら、こじつけだと叱られるだろうか。でも、本当にそんな気がするのだ。スタッフのジェニーやジョセフィンたちも、日本からワークキャンパーが来ると言ったらどんなに喜ぶだろう。バワンのロングハウスのみんなも、喜び歓迎してくれることだろう。

一緒に活動できる、一緒に汗が流せるから共に居たい、明日も会いたい仲間が居るから、メンバーもスタッフも、「ムヒバ」が好きなのだと思う。キーワードは、「受容」と「表現」ではないだろうか。

この「ムヒバ」をボルネオのモデルにしたいと思

ってやってきた。サラワク州政府福祉局との連携のあり方についても、日常についても、良いモデルを創ることが私に課せられていると思いながらの十年間だった。誰にとっても輝ける場としてのデイセンター「ムヒバ」が、この地でずっと健全に続くよう祈らずにはいられない。

・ワークキャンパーから届いた手紙

荒れ地に一輪車を持ち込み、炎天下での石拾いから始めたワークキャンプは、その後十二年間で十八回を数えて終えた。ペナン時代から縁あって長い間ずっと傍で支えてくれた、学生時代からの友人土屋弘道さん。ほとんど全てのボルネオのワークキャンプにスタッフ側として自費で参加して、共に汗を流しサポートしてくれた。日本からの参加者は延べ百三十九人になる。キャンパーたちからの熱い感想は毎回届いた。

この人たちの声から二人分だけ掲載させてもらう。人が育つとはどういうことか、考えさ

せられる。（期間中、お互いに愛称で呼び合っていたので、ここではそのままの呼び名で載せる）

・さららちゃん（女性）

ワークキャンプで印象的だったのは、やっぱり、笑顔だった。ロングハウスの赤ちゃんの笑顔、それを眺めるお母さん、おばさん、ロングハウスの人みんなの笑顔。赤ちゃんをのぞかせてもらうワークキャンパーの笑顔。挨拶する時の笑顔。そして、何と言っても、ムヒバのメンバーの、キラキラまぶしい笑顔。

最初にムヒバのメンバーに会った時は、一人ひとりが笑いかけてくれて、こっちが幸せに圧倒されそうになった。初めての東南アジア、初めて大人の皆さんと過ごすワークキャンプ、と初めてづくしでどうしたらいいかわからなかったわたしは、そんな笑顔にふれて、やっとリラックスすることができた。はたしてわたしは初めて会った人にこんなとびきりの笑顔で笑いかけることなんてできるだろうか？ふと、そんなことを思ったりした。この幸せな雰囲気のみなもとは何なのだろう?

ムヒバでは、メンバー一人ひとりが主体的な役割を担っている姿が、まぶしかった。キッチンでお手伝いしたり、年下の子を世話したり。人間は、やっぱり他人のために尽くすことで生きがいを感じるのだな、とつくづく感じる。自分も、他の人を助けたいという純粋な気持ちを、大切にしていきたいな、と思った。

そして、ワークキャンプを通じて感じたのは「温かさ」である。毎日誰かしらと顔を合わせて、言葉を交わすだけだけど、温かさに満ちあふれていた。健さんの「違っていることが当たり前」という言葉がとても印象に残った。また、人を尊重することは、自然を尊重することにも繋がると思う。日本では、失われつつある暮らしが、まだ息づいていた。自然と共に生き、自然の脅威にさらされ、自然の恵みに感謝する。自然との接点が、鶏や、魚や、周囲の動物の鳴き声や、満天の星空で、日本よりもずっと強かった。

何だかんだで、自分の価値観を見直すことができた。世間にはいろいろな考え方を持つ人がいるのだということ、自分の信念も絶対的ではないことを、改めて感じた。

今回のワークキャンプのキーワードのひとつは「face to face」で関わり合うこと、であった。まさに、「向き合う」関係の大切さが、身に染みた一週間だったように思う。人と面と向かって関わる喜び、自然と面と向かって向き合う生活は、人間にとって本質的なもの、本来は欠かせないものなのではないだろうか。だから、そこには笑顔が沢山ある。沢山考えさせられた。（後略）

・マッチャン（男性）
何から書き始めようかペンが止まったまま動かない。それは頭の中に何もないからではない。自分の気持ちの方が、頭の中で整理され文字として出てくる速度をはるかに上回っているからだ。目を閉じれば、次々にみんなの笑顔があふれてくる。そして自分に呼びかけてくる。一緒に踊ろう、一緒に飲もう！と。日本に戻って来て感じるこの寂寥感。親しい家族が恋しいと思う気持ち、これがホームシックというものなのか。

私がこのワークキャンプを知ったのはバイト先の職員さんからであった。そして内容を聞くや否や「行きます」と答えていた。しかし、学校の試験などの都合で日程が合わず、私より先にキャンパーとなったのは妹であった。彼女の体験記を読めば彼女の思いがわかるだろうが、それ以上にワークキャンプから帰って来た時の彼女の興奮はすごかった。そして、ようやく今回自分が参加してその意味がよく理解できた。

中澤夫妻、土屋さんの温かい心遣い、ムヒバで一緒に汗を流し、働き、遊んだムヒバのメンバーと仲間のキャンパーたち。誰かが言っていた。こんなに大きな声で笑ったのは久しぶりだ。私も同じであった。ムヒバのメンバーと一緒にいると日本での悩み、不安、そんなものは考えないし、考える時間もない。それは、彼らの喜びや楽しみといった温かな感情がどんどん心の中に入ってきて、負の感情が入るすき間がないと言ったほうが良いかも知れない。さらに、ムヒバのメンバーに限らず、ゴトンロヨン（村の人たちとの共同作業）で見たうまくバランスのとれた作業分担、利益を求めず仲間が困っているから助ける姿、作業後のバーベキュー。全てがムヒバ（調和）であった。バーベキューの時に地べたに一緒に座って飲んだビール、急遽メニューに加えられた蛇の味は一生忘れない。

日本では一仕事を終えるとひとっ風呂というが、ここではいつもマンデースンガイ（川での水浴び）であった。さっぱりした後においしい夕食を食べて、キャンパー同士の討論会が始まる。今日の討論会のテーマは「〇〇〇」みんなで真剣に考え自分の思いを述べる。そこに年齢、国籍、利害一切関係ない。一日三時間程利用できる電気がパチっと消える。討論を終えみんなで外に出る。「あっ、あれが南十字星だよ！」もうそこに居るのは少年少女だ。男性は自分たちの宿に戻り、本日二回目の討論が始まる。テーマは何でも自由。そこに親友（お酒）が加わるからちょっと口が緩くなることも。明日の作業のためにも今日は寝ようか、にわとりに起こされるまで。目を閉じると今日見た笑顔がそこにある。（後略）

2　カピット・トイボート プロジェクト

・福祉とは何かを考えながら

私はかねてから、デイセンター「ムヒバ」とは別に、サラワク州で根づかせたいと思ってきた活動があった。マレーシアで一番大きいサラワク州は、島自体が世界で三番目に大きいので文字通り奥が深く熱帯雨林が広がっている。その奥んh地にも大勢の少数民族の人たちが暮らしており、当然、障害をもった人たちも居るはずだ。

私は、目立たない、存在を主張したりし難い、いろいろな意味で不利を被っている人たちを対象にするのが福祉の活動だと思っているから、サラワクの奥地の人たちの支援もしたいと考えていた。

奥地までは道路がないので自動車が使えない。けれどサラワクには何本もの川があって、ボートを使うことができる。そこで、ボルネオで最も長いラジャン河（全長五六三キロ）の上流のカピットという小さな町までシブから定期便のスピードボートで行き、カピットから先は小型エンジンを積んだボートに乗り換えて支流に入り、ロングハウスを訪問するという事業を構想した。これを「カピット・トイボート プロジェクト」(Kapit Toy boat Project) と名づけて、「国際ボランティア貯金」に助成申請をした。

カピットは、シブの船着き場からスピードボートで約三時間、奥地だが活気のある町だ。州立病院、郵便局、警察、消防署、図書館、博物館、ホテル、レストラン、市場、政府部局もある。町中には車が走っている。車で周辺のロングハウスなどには行けるが、ここから出ることはできない。車は全て船で業者が運んだものだ。驚いたのは、自動車の運転マナーが良いこと。横断歩道で人が立っているとわかると、車もバイクも必ず止まってくれる。この運転マナーには本当に感激した。

また、カピットは歴史的にも白人王ブルックの統治時代、先住民の長を集めて「首狩りをやめる会議」（Peace meeting）が行われたことでも知られている。

私たちは事前に何度もカピットに行き、州立病院の医師、看護師、障害児通所事業（ＰＤＫ）責任者、職員、福祉局の責任者とも会った。

州立病院のヒー先生（Dr. Hii）は、自分のところの看護師を一緒に行かせる、もしボートの手配ができない時は自分のところのボートを提供するとも言ってくれた。そして、地元の元小学校教師がコーディネーターを引き受けてくれた。

道路沿いのお店の四階を借り、玩具置き場、打合せ場所、コーディネーターのオフィスにし、私たちが行った時に泊まれるようにした。私たちは度々カピットに行き、二万五千分の一の地図とアンソニーさん（コーディネーター）の経験を頼りに下準備をして、ロングハウスを訪ねた。カピットのライオンズクラブの人が一緒に行き、脳性麻痺の十五歳の少女に専用車椅子をプレゼントしたこともあった。

カピットの港

奥地におもちゃを運ぶ

二〇一二年度、申請してあった「国際ボランティア貯金」の助成金が認められた。それによって、借りた場所の家賃、玩具類の購入、現地人の雇用費、ボートの借り上げ費、お土産代などが賄えるようになった。

しかし、準備をして頑張って行っても、一日に一人か二人、多くても三人にしか会えない。ロングハウスへのちょっとしたお土産やボートの借り上げや人件費を考えるとコストが高くなる。効率が悪いことは初めから覚悟のことだったが、やはり悩んだ。悩みながらも、「障害をもつ子どもが居るのなら是非会いたい」の思いで、訪問を続けた。

・ボートに乗り込んで

時には、チームメンバー以外の協力を得ることもできた。ペナンＡＣＳからアイナさん、その頃サバに移った明美さん、ＫＬのランリーさんの三人が自費で助っ人に来てくれたのだ。他にアンソニーさんとカピットＰＤＫのビーエンさん、それに私たちとボート操船者二名の合計九人でライフジャケットを身につけ、ボートに乗り込んだ。

会う予定の子どもは目が見えないと聞いていたので、前夜みんなで音の出る遊具、ソフトな手触りの玩具を選んだ。

ラジャン河からバレ川という支流に入り四十五分ぐらい進んだところでボートを降り、おもちゃとロングハウスに持ち込む飲料、食料などを手分けして担ぎ、坂道を登った。すぐにアレキサンダーという十六歳の少年に会えた。

彼は、手、足、体が、それと見えない程に互いを絡め、ボールのようにまーるく寝転がって

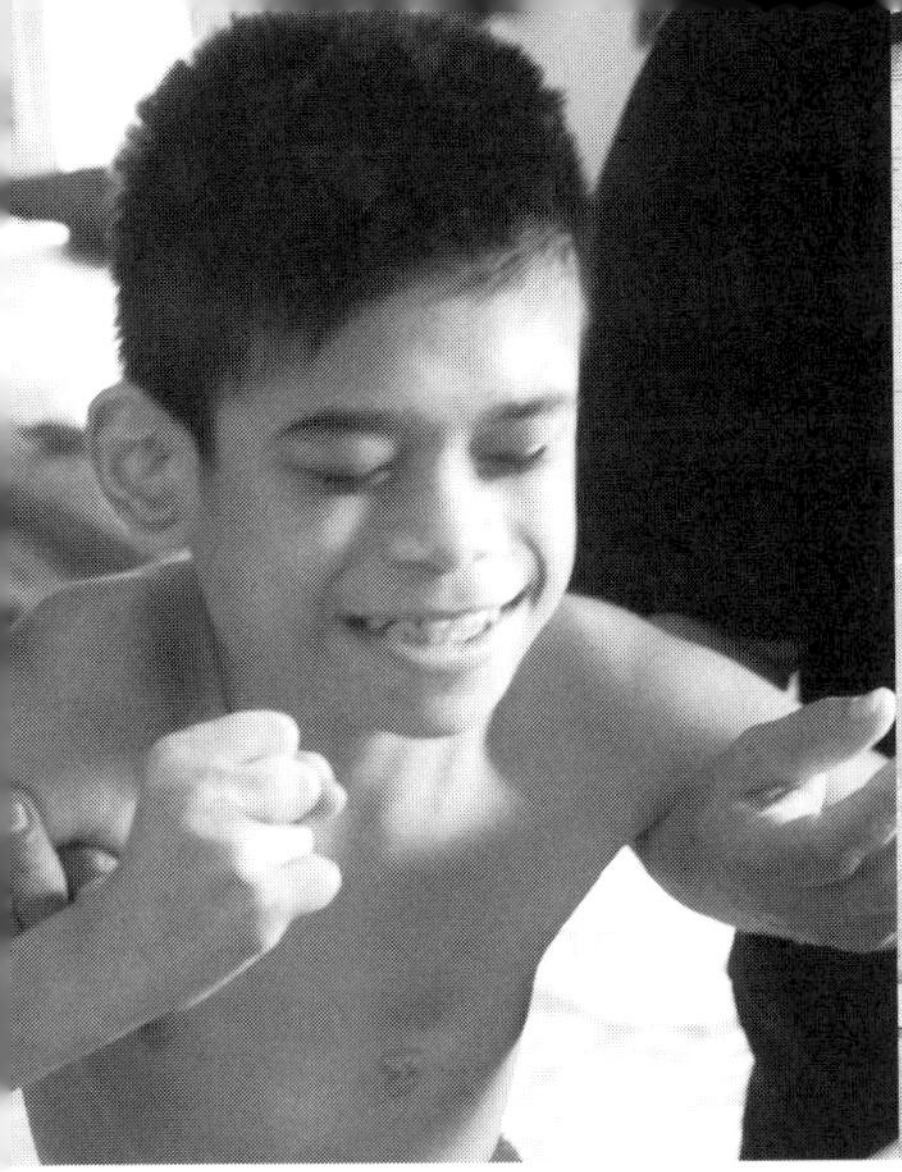

手足をほぐしたアレキサンダー

小さなボートに乗り込んで

目をつむっていた。ビーエンさんが素早く彼の口に甘いものを含ませ、彼の手足をゆっくりほぐした。そんなところにアイナさん、明美さんも協力、少しずつ工夫をしながら両手を取ると、彼はゆっくり立ち上がった。両手を支えられ、周囲の歓声に応えるように少年は歩いたが、その内に母親が用意した車椅子に座った。

私はまず、彼自身の手足で音が出るおもちゃを試みた。目はつむっているものの、刺激によってもたらされる心地良いリズムを感じていることは彼の動きから察知できた。そうする内に少年の顔が色づき、自然の笑顔が浮かんできた。

そう、それは必ずしも聞こえる音のためばかりではなく、歩くこと、音を聞くこと、全てを含めて彼を中心にしてみんなが気持ちをひとつにしていることが彼に伝わったのだろう。少年の父親は現金収入を求めて出稼ぎ中。母は買い物籠のようなものを編んで生計を立てていた。私は母親から三個の籠を購入し、ロングハウスを辞した。結局、総勢九人で一日がかりだった。

毎度のことだが、私たちの昼食はカピットを出る前に材料を多めに買って持って行き、ロングハウスに着いたら料理を頼む。急でも快く引き受けてくれて、一緒に食べた。

二〇一三年十二月には、「読売光と愛の事業団」から杉本さん、ＡＣＥ副理事長の山村さんも駆けつけて応援してくれた。「国際ボランティア貯金」から派遣された坪井さんも一緒だ。

ボート三艘に分乗した。小さいボートの方が奥地に行けるからだ。支流の上流に行くと川が浅くなり、ボートを降りて押したり引っ張ったりするのだが、いずれにしろ小さい方が奥

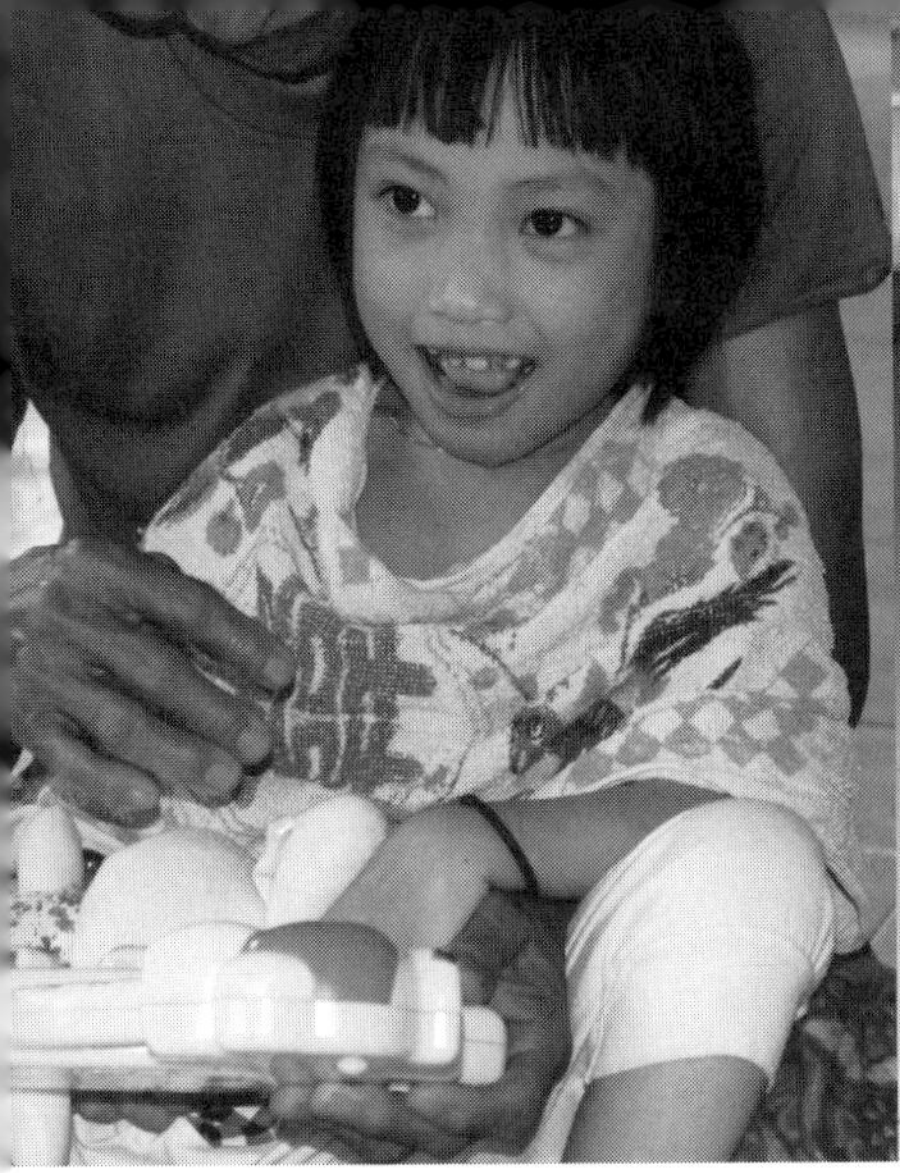

可愛い笑顔で迎えてくれた７歳の女の子

おもちゃに興味を示す女の子

地に行くには好都合なのだ。

地元のワーカーや看護師さんを含めて合計十三人。小さいボートは支流の急流ではボートの縁にしがみついているような危険な場面もあり、重い障害の子が町の病院に行ったりＰＤＫ（いわば通所施設）を利用するのは無理だと体験でわかった。

着いた先には、話せない、歩けない、でもこちらの意図は理解できる七歳の女の子が居て、可愛い笑顔で迎えてくれた。彼女と私たちの遊びにロングハウスの他の子どもや幼児も加わって、楽しい時間が生まれた。「今度いつ来てくれる？」という母親の言葉に、何も答えられない私たちだったが……。

・トイボートの挫折

頑張ってこの活動を三年続けた。助成金がいただけたのは一年だけだった。こうした奥地の障害者は、生涯通う場もなく、友も得られず、自分らしさの片鱗も出せないことにもどかしさを感じつつ、私たちは中途半端に活動を終わらなければならなかった。

挫折の原因は、資金問題であることは確かだが、私たち自身の姿勢も問題だったと反省している。私はこれまで、基本的にその場所で暮らして活動してきた。ペナンもバワンもそうだった。私はこれを、「現地定住型」と言っている。その場所の住民たちとの関係を深めながらの活動だ。ところがカピットでは、それができなかった。シブから時々行ってする活動。カピットで良い仲間に出会いながら、活動継続の人のかたまりができるような日常がなかったことが、挫折の半分くらいの原因ではなかったかと思う。

援助活動は、援助要請（ヘルプコール）に応えることが基本ではない。誰の求めがなくて

いつの日かまた

apped children in longhouses

lchair and a walking frame
icapped children at Rumah
ngai Menuan, Kapit.
, a Japanese journalist
Shozo from Tokyo joined the
t Rumah Penghulu.
u, Moonly Tiang, Ting Bee
OK Kapit and community

nurse Eviyen from Klinik Kesihata
Kapit also lent a helping hand in
training these children to use the
equipment and educational toys pro
by the NGOs. Anthony also gave a
motivation talk about parenting to
longhouse folks.

mbers of the Lions Club and the Japanese NGOs pose with the recipients of the whee

プロジェクトが紹介された現地の新聞

も仮に都会の片隅でもジャングルの奥地でも、その人らしく輝くことが阻害されている人を見つけ出してできる手伝いをするのが基本だと思っている。

「トイボート」プロジェクトに関心を持ち、協力して下さった沢山の方々に感謝します。「国際ボランティア貯金」、カピットの現地の方々にお礼を言いたいと思います。

私は挫折しましたが、いつの日か地元の人たちの心と心意気で、不利の重なる人たちへの支援が再開されることを、心から願っています。

3部

平和の願いと共に
～父の足跡を追って～

3つの願い　その3

6章 記念碑

1　父が戦死した場所を訪ねて

私はマレーシアに来る時、三つの願いを持っていたと冒頭に書いた。最後の三つ目は、父が息絶えた場所を見つけることだ。母が受け取った父からの便り、帰国した元同僚からの情報、戦後受け取った戦死の公報だけが頼りの場所探し。マレーシアの独立前と後では地名が変わっているかも知れない。暇な時間を見つけて、できることから始めた。

・父が働いていた工場を探す

父が戦時中に母に書き送った手紙には、必ず最後にスラランカッチ工場と書いてあった。父はスラランカッチの工場で働き、その敷地の中で暮らしていたようだ。そこで私は、スラランカッチ工場を探し出すことから始めた。父からの手紙によれば、サラワクのクチンから船に乗って翌朝サリケイを経由して朝の内にスラランカッチに着くということだった。

ペナンで暮らすようになった翌年の秋、母と私の上の姉が私の暮らしぶりを見に行きたいと連絡してきた。その頃は、まだペナンで活動らしい形にはなっていなかったので時間はあった。そこで母と姉のペナンの日数を削って、三人でボルネオ島に行くことにした。その提案に母も姉も喜んだが、私にとってもボルネオ島は初めてなので、スラランカッチに辿り着けるかどうかはとても不安だった。

ペナンからクアラルンプールに飛び、乗り換えてクチン空港に着いた。クチンはサラワク州の州都、父の手紙にも何度となく出てきた町。クチンでホテル近くの旅行社に行き、スラランカッチという場所を尋ねたが、聞いたことがない地名だと言う。そこで、サリケイは何処か聞くと、サリケイならシブからのほうが近い、シブからなら飛行機で一時間もかからないということだった。そして、そこには昔から大きな工場があることもわかった。

翌日シブに行き旅行社で訪ねると、スラランという地名があることがわかった。サリケイから一時間でスラランに行けるとのことだ。すぐタクシーと交渉し、翌朝六時にシブを出発し、夕方までにシブ空港まで送ってもらうことで三〇〇リンギット（日本円で約一万円）の約束をした。全く知らない土地での口約束だから不安だったが、信じるしかない。それと、心の何処かで「父が導いてくれるに違いない」という身勝手な確信のようなものがあった。

翌朝タクシーは約束通り来てくれた。フェリーで川を二度渡り、スラランの工場という場所に着いた。父が送ってきた写真と同じ景色だ。そこは正しく、父が働いていた工場の正門だった。

今は、マレーシア人が経営する材木の工場になっていた。守衛さんは中に入れてくれなかったが、日本人が経営していた時代に働いていたという老人を連れて来てくれた。母が持って行った父の写真を見て、その老人は「ボス」と言った。感慨無量だった。遂に来たのだ。五十年前、父が働き暮らした場所を訪ね当てたのだ。母も感慨深げだった。

彼は話してくれた。「ある日、敵機が来襲し、ボスは従業員全員を工場外へ逃がし、ボスも他の日本人と一緒に逃げた。地元の従業員はやがて帰って来たが、日本人はその後一人も帰って来なかった。しばらくして、日本人は無事帰国したという噂と、一人か二人の日本人が残って、隠れていたところで殺されたと噂が流れた」と。噂の場所を母は訊いたが、その場所は知らないということだった。

・父を知っている人が居る

父の足跡を追うことは、その後は徐々に難しくなってきた。「ＵＳＭ」(University Science Malaysia)の調査、新しいＮＧＯの登録（ＡＣＳ）、やがて日本にＡＣＥ（アジア地域福祉と交流の会）をつくり会員募集を始めるなど、徐々に活動が始まったからだ。私の中ではいずれにれ最期の地はボルネオと決めていたので、その時までお預けという思いもあった。いずれにしろ、その後ペナンでの活動に没頭して、やがてペナンを去る時を迎えたのだ。
　ボルネオのクチンに住むようになったのは二〇〇三年。まず、クチンに家を探しに行った折、妻と二人でサリケイに宿を取ってクチンから船で行き、二泊して父の足跡を辿ろうとした。スラランの工場で前回出会うことができた老人に会おうとしたが、二年前に亡くなっていて会えなかった。近隣のロングハウスも訪ねて年配者に当時の話を聞こうとしたが、うまくいかなかった。

　その後、クチンからもシブに移ってからも、自分の車で何度かスラランの工場を訪ねた。ある時は守衛さんのご好意で、門の中に入れてもらい、敷地内を見て歩くことができた。写真で見た景色が幾つもあった。六十年間変わらない景色ということにも、胸を打たれるものがあった。確かに父が住んでいたに違いない家も見つかった。「あぁ、父はこの道を毎日歩いたんだ」と、感慨深く思った。父が通ったであろう近くの市場にも行った。

二〇一〇年七月、私がボルネオに来て七年が過ぎた時、私の下の姉が初めてボルネオに来た。それまで母や伯母（母の姉）の介護をしてきた姉を、父が導いたのかも知れない。一緒にスランの工場に行くと、工場の責任者は「昔のことを知っている人が居る」と、中年の事務の女性、サディアさんを紹介してくれた。

・父が姉を呼んだに違いない

サディアさんは、「父もこの工場で働いて今も元気だし近いから、私の家に行きますか」と言ってくれた。喜んで連れて行ってもらった。工場から歩いてわずか三分程の高床式の一戸建ての家に着き、八十歳間近のノナさんに会った。父の写真を取り出して見せると、途端に「ナカザワさん！」と呼びかけたのには、私たちも驚いた。

当時十五歳の彼は、守衛としてこの工場で働いていたそうだ。「日本人はみんな厳しかったけれど、ナカザワさんは優しかったから覚えている」。いつも双眼鏡で空を見上げて、敵機来襲を警戒していたそうだ。「ある日、何機かが来て爆弾が落とされ工場が燃えた。ナカザワさんは工場の人たち全員を外に逃がし、自分も逃げた。日本人は誰も戻って来なかった。その後の噂では、何人かは日本に帰国し、残った日本人は、やがて連合軍に殺されたらしい」。ノナさんは静かに話してくれた。

ノナさんは、「噂話だし、本当のところはわからない、当時を知っている人はもう自分しか居ないだろう。あの爆撃の後、日本人を見つけたら誰でも殺すようにという命令が出て、連合軍（オーストラリア軍）の軍事訓練を受けたイバン族が、スリアマン地方からやって来て、既に日本軍兵士は居なかったのに、日本人らしい人は狙われて殺されたというのが当時伝わってきた噂です」と説明してくれた。

ノナさんの話を聞きながら、父が姉をこの地に呼んだに違いないと思った。父はきっと姉に会いたかったのだろう。父を直接知っている人のところまで辿り着けたことで、私たちの気持ちは高揚していた。

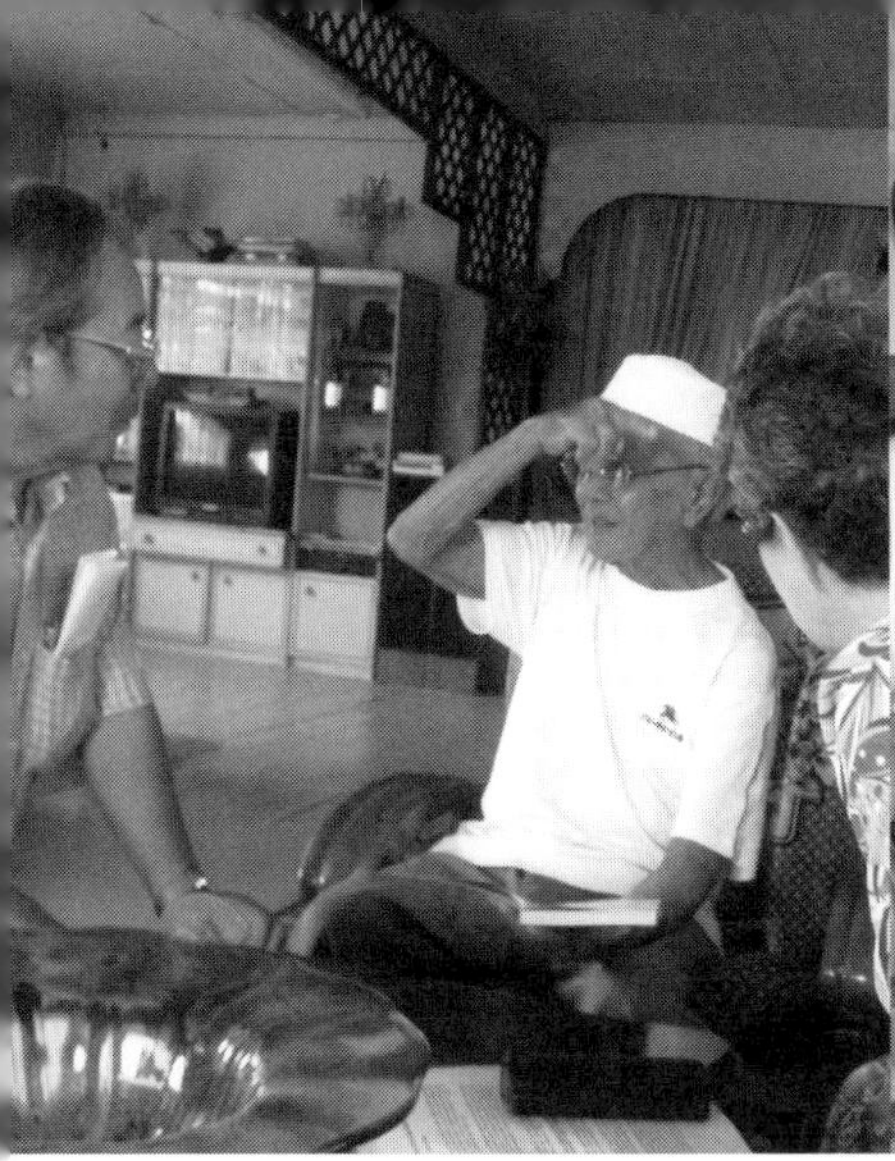
父を覚えていたノナさん

ハリラヤにノナさんのご家族と共に

ノナさんの家には、その後毎年二回くらいは訪問している。息子みたいに歓迎してくれる。みんな親切な家族だ。ハリラヤというイスラム教徒の断食明けのお祝いには、私たちも何度か行ってノナさんの子どもたちの家族に会いご馳走になった。

・日本人が殺された場所を遂に見つけた

ACEの総会などで帰国した折には、東京の恵比寿にある防衛省の研究所の図書館にも通った。戦時中から戦後にかけてのボルネオの様子を自分で調べたいと思ったからだ。何度か通ったが、ボルネオに関する記録は非常に少なく、あってもサバ州やクチン周辺の日本軍や日沙商会の動きについての記録だった。しかしなおも探したところ、手書き資料で、先に書いた工場近くで噂として聞いた話とほとんど同じ記述を見つけた。

オーストラリア軍に軍事訓練を受けたイバン族が、スリアマン方面から来て日本人を殺したというものだ。誰が書いたかわからない資料だったが、現地で聞いた噂とほぼ同じということもあって、信じられる話として私の脳裏に刻まれた。厚労省の援護局にも「死亡告知書」の根拠を尋ねたが、わからないという返事だった。

それから、バワンのロングハウスに戻り、暇を見つけては当てもなくロバン方面に行った。ロバンは広い地域で、沢山のロングハウスがある。幾つものロングハウスを訪ね、同じような噂を聞いた。けれども、噂の場所が何処なのかは、何処に行ってもわからなかった。

ロバンには、散在するロングハウスだけではなく、小さな町があり役所もある。役所の責任者に一九四五年八月十九日にこの地域で事件があったか尋ねたが、特別なことはなかったという返事。私は、父についてわかっていることを話し、さらに現在イバンのロングハウスに住んでいることも話した。その責任者は、方々の村から時には長老も来るから聞いてみよう、何か情報があったら電話する、ということで携帯電話の番号を交換した。

しばらくして、ロバンの役所の責任者から電話があった。「ロングハウスを幾つも束ねる男性、プングルから、日本人の墓があると聞いた、一度来ないか」と言うのだ。情報が欲しいという私の気持ちを覚えていてくれたのも嬉しく、早速ロバンの役所に行き、プングル・インガンさんに会った。

彼は、私より十歳以上若い好人物で役所の人から大体の話は聞いたと言い、「自分のロングハウスに伝えられている話として、終戦頃にロングハウスの近くのジャングルに日本人が隠れ暮らしていたが、現地のイバン武装兵に殺され、その日本人をロングハウスの人たちが葬った墓がある」と言う。

これまで聞いてきた話や日本の防衛省の研究所図書館で見たメモとも合う。すぐに、プングル・インガンさんに案内をお願いしたのは言うまでもない。

妻とＲＣＳの事務局長を引き受けてくれていた中国系の女性チェンさんと私とで、ロバンの事務所に行きプングル・インガンさんと落ち合った。二〇一〇年十月のことだ。インガンさんは、自分のロングハウスに人を集めていると言って車で先導してくれた。約二十分程でインガンさんのロングハウスに着いた。開けた平地の長い長いロングハウス。聞くと九十世帯、五〇〇メートルくらい伸びている。でも近づいてよく見ると、三十世帯くらいずつが数メートル離れている三棟だった。以前火事で全て燃えたので、今回は離して建てたということだ。

待っていてくれた男たち二十名程と、歩いて現地に向かった。その場所は、インガンさんのロングハウスから徒歩二十分くらいの林の中だった。この辺りだと言うので、みんなで林の中を棒でつついたり土をかき分けて葬った場所を探した。やがて、「これだ！」という石を見つけた。そこには、幾つかの石が並べられていて確かに誰かを葬ったらしい跡があった。

村民と共に跡地を探して

現地の人が葬ってくれた石を発見

この下に眠っているのは誰だろうか、誰であれ、あの時期に日本人が隠れていて、恐らく武装兵に銃で撃たれて死んだのだろう。何を思って死んだのだろうか。戦争が終わったことは知っていたのだろうか。当時その地域に日本軍は居なかったはずだから、民間人だったのだろう。

無念だっただろうなという思いと共に、葬ってくれたという地元の人たちの優しさが心に染みた。

2　記念碑の建立

・記念碑に何と書くか

【昭和二十年八月十九日、北ボルネオ、シブ州ロバン地区に於いて戦死】と、母宛に届いた父の死亡告知書に書いてあった。山梨県民生部長からの文書だが、恐らく厚生省の援護局から連絡があったのだろう。厚生省援護局は何処からどのような方法で情報を得たのだろうか。多分、連合軍（オーストラリア軍）の訓練を受けた地元民（イバン族）の武装兵に銃殺されたという情報は正しいのだろう。オーストラリア軍は、サバ州（サラワク州の隣）でも日本軍に酷い目に遭っていたから、日本人とわかったら皆殺しの指令が出ても不思議ではない。イバン武装兵一行は連合軍に日本人殺害を報告し、その情報が日本に届いたことは充分に考えられることだ。

私は、もうこれで充分だと思った。自力でここに辿り着いた。それが仮に父であってもなくても、戦争の犠牲者として一人の日本人が死んだ、地元の人たちが、七十年も前に遺体を葬ってくれた、誰であっても良いではないか……そこに記念碑を建てようと思った。

実際にそのために動き出したのは、活動上のことなどの引き継ぎの目途が立った二〇一七年が明けてからだった。インガンさんのところに何度も行き、記念碑を建てたいという希望を伝え、了解を得、相談しながらでき上がりをイメージして進めた。

ジャングルから木材を切り出し、約一五〇メートルの湿地の上に木材で道を作り、その先の現場にタイルの床、その上に一フィートの高さの台座を置き、その上に御影石の記念碑ができ上がったのは、二〇一七年五月に入ってからだった。

ここまで来るのにどれ程の人たちのご好意を受けたことだろう。記念碑に何と書くか、何語で書くか、記念式は誰にしてもらうか、早くから記念式は五月二十日と決めていたものの、「ムヒバ」のスタッフやロングハウスのマイケルさん夫妻も参加したいということで、移動をどうするかもぎりぎりまで問題だった。

前年のＡＣＥ総会時には、「アジア地域福祉と交流の会」が私の思いを受け止めて下さることになっていたので、それは何よりも嬉しくありがたく、資金的にも精神的にも建立者になっていただいた。いろいろな申し出をして下さった方々の思いと共に、記念碑ができ、記念式ができた。結局、掘った文字は、マレーシア語、英語、日本語。碑文は次のようにした。

『第二次世界大戦終戦前後より、一人の日本人軍属、この地に眠る。

全ての国が武器を放棄するなら、この世に愛と平和が実現するだろう。』

父の名や個人名は入れなかった。シブからニンガン牧師（REV. Ningan）夫妻の参加、司式で記念式が行われた。バワンのロングハウスのトゥアイルマが二名、「ムヒバ」のスタッフが四名、牧師との取り次ぎ役をして下さったチェンさん、碑文のマレー語訳を引き受けてくれ

記念式で

記念式に集まる村民たち

た新聞記者のリンさんの他、日本からは私の姉たちや友人なども参加し、インガンロングハウス（Rh. Inngan）からも多数の住民が参加して記念式が行われた。なお、日本から送られた千羽鶴三千羽、生花二束なども供えられた。

戦争は殺し合いだ。憎くもない相手を、国が決めたことだからといって殺すのだ。或いは、自分が殺されるのだ。そのことが招くのは、膨大な恨み、憎しみ、紛れもない悲劇。どれ程の無念の思いを注ぎ込んでも、断ち切られた絆は取り戻せない。

私たちは、戦争に連なる一切に対して、「絶対に駄目!」と強く言い続けなければならない。国は国民に対して、武器を取ることを号令してはいけない。これだけは、本当に皆さんと共感したい私の思いだ。

「いのちを守る」、「弱いいのちは特にしっかりと守る」という仕事を長くしてきた私は、みんなが武器を取って脅し合うのではなく、誰も武器を取らず、素手で、心で、平和を手に入れたいと願っている。それ以外にないからだ。障害福祉実践が、ひとつの平和運動だというのはそういうことなのだ。

・母が市長に宛てた手紙

夫は、祖国を愛するが故に若い生命を捧げて戦い、そして死にました。生き残った私はその死を大切にし、その霊を慰めるために何をなすべきかを、私なりに考え続けて参りました。残念に思うことは、彼らが事の真相を知らぬままに生き、そして死んでいったということです。今、私は故人の声なき声に耳を傾けてその真意を悟り、愛する日本が再び同じ過ちを繰り返すことがないように残された者の責任として、勇気を以て戦争に連なる凡《すべ》てを阻止し、真の平和をかちとるために努力をしたいと思って居ります。それこそが戦死者の死を意義深いものとして大切にするところであり、その霊を慰め、尊い死に応え得るものであると思います。故人もそれを望んでいることを私は信じて疑いません。

あの戦争の誤りが全ての人に明らかになった今、その功績をたたえる勲章を受けることとは、どうしても私の良心が赦さないのでございます。拙い言葉ですが、どうか私のこの心情をご理解下さいまして、よろしくお取りはからい下さいますようお願い申し上げます。

父が戦死して二十五年が過ぎた昭和四十五年秋、山梨県都留市長から父の戦没者叙勲の報せが来た時、母は右の手紙を市長宛に送り、叙勲を辞退した。

3　戦争が残していったもの

・ある老婦人の訪問

ある夜、一人の婦人がロングハウスに訪ねて来た。八十歳を少し過ぎていると言う、きりりとした上品な感じのこの老婦人は、是非とも日本の人に聞いてもらいたいことがあると、離れた村から一人でやって来た。

彼女は、「私の夫は日本人です」と切り出した。彼女の話によると、一九四〇年頃、日本の企業の派遣社員としてボルネオに来た男性と知り合い、結婚した。やがて戦争が始まったが、彼女たちは幸せに暮らしていた。が、やがて戦況は日本にとって厳しいものとなり、一九四四年、夫に現地の日本軍から召集がかかった。彼は、この地で応召するか日本に帰国するかの選択を迫られた。悩みつつ彼は、必ず帰って来ると妻に言い残して帰国した。夫がこの地を去って間もなく、彼女はお腹に彼の子どもが居ることを知った。そして出産。男の子だった。やがて終戦。彼女は産まれた子どもを育てながら、夫が戻って来るのを待った。待って待って待ち続けながら息子を育てた。息子は成人し、ブルネイに就職して行った。ひとりになった彼女は、それでもまだ夫が帰って来るのを待っていた。しかし、夫は帰って来なかった。帰国途中で船が沈んで日本に辿り着けなかったのか、帰国したが何かの事故があったのか、それとも他の事情か、彼女には何もわからない。最近、息子は停年で退職し、今は村に帰って来て一緒に暮らしている。

私は、夫をずっと待ち続けたことを夫に知って欲しかった。けれど、夫ではなくても良い。誰か日本の人に自分が待っていたことを話したかった。六十年間待ち続けたことを、聞いて欲しくてやって来たのだと言って、彼女は話を止めた。

その夜、私はなかなか寝つけなかった。戦争が残したさまざまな傷痕を思った。翌朝、彼女は自分の村に帰って行った。

世界中に少なからずこういう思いの女性が居たのではないだろうか。戦争がもたらす悲しみはさまざまな形で存在する。

・障害福祉実践は平和運動だ

平和は、私たちみんなの願いだろう。日本だけではなく、世界中の人々が平和を望んでいる。にもかかわらず、常に何処かで戦争や紛争がある。個人的な憎しみがないのに国や組織は戦い、傷つき、死んでゆく。みんなが平和を求めているのに、平和は実現しない。長い人類の歴史の中で、世界中が平和になったことはない。なぜかいつも何処かで、人と人とは殺し合っている。殺された側も傷ついた側も勝ったものにさえ、喜びの美酒はない。ただ権力者のみが、奪い取った金銀や拡張した領土を前に孤独な酒を飲む。

私たちは今、真面目に平和について考えたほうが良いと思う。今では、無人兵器が登場し、核兵器は地球上に二万発存在すると言われる。核兵器とはご存知の原爆と水爆で、水爆一発で広島に落とされた原爆の数千倍の威力があるのだという。

テレビなどでこともなげに「抑止力」という言葉が聞かれるが、考えてみると実に恐ろしい。世界の権力者たちが、顔つきはニコニコしながら、経済で駆け引きをし、軍需産業で大きな儲けを画策し、抑止力のバランスを測っている。

こんなことでは、平和なんて夢のまた夢ではないか、日本にさえ戦争がなければ良いではないかと思ってしまうかも知れない。だが待って欲しい。平和は必ず実現しなければならない。この宇宙で、ただ人間だけが与えられた「知」を生かして、滅びではなく、平和を地球上に実現することが人間の務めだからだ。そのためには、武器を捨てることが手っ取り早いと思われるが、残念ながら現実にはそれは無理だろう。

世に唯ひとつの平和への道は、障害福祉実践だと私は思っている。つまり、「福祉」だ。福祉とは、困っている人や弱い人を守ることだ。より弱いいのちであれば、より強く守らなければならない。そこには損得はなく、基本的にはお金のやりとりもない。困っている事実や消え入りそうという状況に相応しい優しさが必要になる。そのいのちに消えてもらっては困るというひたむきさと言っても良い。ただ生き延びれば良いのではなく、よく生きる、持ち味を発揮して生きることに大きな意味がある。いのちを消すのではなく守るという出発点、どんな小さないのちも粗末にしない、弱いいのち程守ることが障害福祉実践の基本なのだ。

ヨーロッパには、「平和を望むなら戦争に備えなさい」という教えがあるそうだが、アジアには、「生き物を殺さない。殺生しない」という染みついた暮らしの教えがある。つまり、障害福祉実践とは殺すことの真逆、いのちを探し出してでも守り抜くことなのだ。

それはまた、本来の人間らしさではなかろうか。ボルネオのバワンで自然と共に暮らしていた人たちを思い出す。激しい風雨雷に脅えながらもみんなで乗り越え、祝い合った人たちだ。壊れれば直し、なければ作った人たち。人間にできることをしながら、自然と共に暮らす人たちだ。便利や快適の追求ばかりではなく、感謝に基礎をおく暮らしができる人たちだ。

ワークキャンパーが、都会の便利さを少し忘れただけで豊かさを感じたように、自然の中でいのちの重みを味わうことで、平和への輪が広がることを期待したい。多分、そこでのキーワードは「想像力」と「自制心」ではないかと思う。長い時間はかかるが、いのちを守る輪が広がることで、平和への道に繋がって欲しい。

・戦争の後、日本の錯綜

元々日本人は、忍耐強くて勤勉な努力家だと自負もし言われてきたように思う。「大和魂」も日本人男性の勇敢さや潔さを表して好んで使われてきた。本当に日本人男性の実際の姿であったかどうかはわからないが、良い意味の男らしさを目指して育てられたのは確かだろう。彼らのあるものは戦死し、あるものは復員した。復員したものは厳しい現実に直面して、しかし混乱している余裕もなく生活と闘った。

戦争体験を経て生き残った人たちは、挫折感や葛藤から立ち直り、新しい日本の国づくりに邁進した。四歳で終戦を迎えた私は、その辺りのことがよくわからない。空襲はなかった山梨の小さな田舎町で、農家でも商家でもなかった私の家は食べることに苦労した。私も空腹を訴えて母親を困らせたものだ。小さい庭にサツマイモの苗を植え、トウモロコシのタネを蒔いたことや、サツマイモの蔓《つる》を乾かして煮て食べたのを覚えている。

何カ所か転々とし、粗末な家に住み質素な食べもの衣類でも、それ自体は別に辛いとも思わなかった。その頃は既にお国のためより自分たち家族のために皆が頑張っていた。父親が帰って来ないとわかってからも、母は家族のために夢中で働いた。泣いている暇はなかったのだろう。泣いている母を見た記憶はない。

ふと気がつけば戦後十年、伯父伯母の厚意や家族皆の頑張りのお陰で食べて暮らせるようになった。やがて、神武景気だの岩戸景気と呼ばれた時代の到来、白黒テレビ、洗濯機、冷蔵庫が三種の神器と言われ、東京オリンピック（一九六四年）関連の盛り上がりによってオリンピック景気。政府は所得倍増計画を掲げた。三種の神器を手に入れて家事の手が省けた女性たちも外で働けるようになり、家庭の所得が上がり、やがてマイカー、カラーテレビ、クーラー（３Ｃ）が、新三種の神器となった。

戦中から戦後にかけて厭《いや》という程空腹に悩まされた世代は、我が子にはお腹一杯食べさせたいと思っていた。「食べられなくなる恐怖心」の世代と「食べさせられる恐怖心」の世代に分かれた。飽食の時代だ。「受験戦争」も時代の産物だったと言えるだろう。背景に学歴差別があったにしろ、子どもの将来に学歴が欠かせないと考えた親たちは、必死で子どもをランクの高い上級学校に入れるべく、文字通り戦争の勢いだった。一人っ子が増え、そして核家族化はやがて少子化問題の口火となった。

新しい社会構造は、新しい常識を生み出した。時代背景にぴったりの消費文明だ。欲しいものを手に入れて、使って、捨てて新しいものを買う文明。壊れたら直す、ものを大事にすることなどは時代遅れで、捨てることが美徳とさえ言われる時代になった。

経済とはお金の流れ、良い時もあれば不況もある。日本はあの手この手の努力をして不況を乗り越え、経済大国になった。時代の流れだったり、為替や貿易などが有利に作用したとはいえ、日本国民の多くが勤勉だった結果だと思う。当時、個人も企業も良かれと思って株や土地取得の投資にのめり込んだ。人間の欲望も組織の欲望も、結局際限がないということなのだろうか。膨らむだけ膨らんで弾けた。日本で一九九〇年代初めに起こったのがバブルの崩壊だった。

そして、長く続く不況の時代を凌ぎながら、科学技術の進歩の恩恵を受けて、いわゆる『良い暮らし』に向かって走って来たのが今に繋がっている。良い暮らしとは、清潔で安全で便利で快適な暮らし。長い間人間が願ってきたものだ。それが実現した今、私たちは今という良い時代に生きていることを先ず感謝しなければならないと思う。今を生きられることは確かにラッキーだ。

そこを確認した上で、私たちはただ喜ぶばかりで良いのだろうか、振り返らなければならないように思う。ここに至るまでに大事なものを落としてきてはいないか、目には見えない大事なものを失ってはいないか、私はひとつ不安がある。

・失ったものを取り戻そう、真の豊かさに向かって

大変な時代まで生きてしまったというのが、正直なところだ。終戦後の昭和から、平成の時代を通して七十年以上が過ぎた。七十年は大変な長さだ。だから焼け野原が高層ビル街に変化したからと言って驚くには当たらない。驚くのは中味だ。先の見えない、この先どうなるかわからない時代から、欲しいものは大抵手に入る時代になって、先の見える時代が来た。三年後の暮らしも、五年後も十年後さえ、安心してローンが組めるようになった。

ところが今、再びこの先どうなるかわからない。一体科学技術とシステムは何処まで進むのかが見えない時代だ。十年後は見当がつかない。自動運転自動車は社会をどう変えるのだろう。ドローンやロボットは社会にどう位置づくのだろうか。ＡＩの社会進出も、まばゆい

ばかりの未来を垣間見せてくれるが、具体的にどんな時代になるのかはわからなくなってしまった。私たちは迷路に入り込んだのかも知れない。

今や古い時代に何を置き忘れたか思い起こすのは、無意味の誹《そし》りを受けかねない。が、私は今その作業が是非必要だと思っている。そこでここに三点、ポイントを書いておきたい。

先に、障害福祉は平和運動だと書いた。社会福祉と言っても良い。原点は弱いいのちを守る、その心ということだ。実は人の心に元々ある優しい心が、近頃薄らいできているのではないだろうか。

便利で快適で煩わしさがなく申し分ないと言っている内に、人との絆まで怪しくなってきていないか。福祉施設の介護職員などが不足しているというニュースを見る度に不安になる。福祉施設とか福祉職とか福祉事務所とか、「福祉」という言葉はよく使うが、実際には仕組みや費用負担などが社会保険方式、社会保障の仕組みの中に組み込まれて以降、伝統的な「福祉」の中味が見過ごされてきている観がある。つまり、目に見えない「福祉の心」が脱ぎ捨てられてしまったのではないだろうか。

この頃、チャリティとか慈善といった言葉をあまり聞かなくなった。可哀想に思ったり、情けをかけるということが、まるで差別のように感じられるためだろうか。或いは、そんなネバネバしたような感情は、煩わしい仕切りの向こう側に追いやられたのだろうか。

福祉の心は大事だ。平和の実現のためにも欠かせない。福祉を取り戻すことは、時代に心を取り戻すことだ。災害の被災地などで、家が流され電気もなく水道もなく、食べるものも不十分な場面で人々が助け合う姿をテレビなどで度々見る。困っている人に手を差し伸べる。優しさや譲り合いが、自然の行動になっている。こうした姿を見ると、人間は問題を抱えたり満たされていない方が良い面が出し合えるのだろうか。日常の暮らしの中でも、潤いのある人との絆のためには、心にある種の危機認識が必要かも知れない。

次にお金のことに少しだけ触れておきたい。お金が大事なことは知っているし、お金の世話にもなっている。経済は大事な柱だということも心得ているつもりだ。しかしそれにしても、何もかもがお金お金、お金に換算で損得が全てのような様相には抵抗がある。振り込め詐欺の横行もそうだが、そんなにお金お金で、豊かな気持ちで穏やかに暮らせるだろうか。昔の人は、金は天下の回りものとか、宵越しの金は持たないなどと、お金との間にある程度の距離感があったような気がする。

私のような五十歳過ぎて早期退職して給料生活を自分で打ち切り、マレーシアに行って貯金で食いつなぎ、やがて年金がもらえるようになると年金に依存し、沢山の周囲の人たちに心配をかけ協力いただいてきた人間に、お金について意見を言う資格はないかも知れない。しかし、度々お金に汚された政官界や社会の風潮は、日本人の美徳から外れているように思う。あからさまに原発を商売道具にして失敗した日本政府は世界で恥をかいたが、そこまではいかなくても、お金お金という時代の風潮を少し控えて、武士は喰わねど高楊枝くらいの心意気でいけないものだろうか。普通の日本人の暮らしが、お金という魔物に潰される悪夢を見ているようだ。

最後に、これから身につけていきたいものとして、「多様さ」に少し触れたいと思う。「多様と受容」は、私がペナンに着いた時感じたものであった。簡単には語り尽くせない。異なるさまざまなことやもの、考え方や感じ方に寛容な体質を多様と言うのだと思う。だから、心の広さもイメージできる。

多様を受容する自己訓練として、ここでは簡単に旅行について書きたい。見聞を広めるという意味だ。国内でも良いし外国でも良いから、旅行をすること、見聞を広めること、知り合いをつくることが近道だ。四季がある国ない国、海の国も山の国も、観光地が有名な国も秘境の国も、そして暮らす人々との出会いが楽しい。地元の子どもたちも可愛い。言葉がわかれば話せるが、実は、話せなくても気持ちは通じることが多い。手真似でも表情でも、楽しい時間が生まれるに違いない。人との出会いは財産だ。

もし日本人が、世界中の人々と友だちになり、あちこち行き来するようになったら、相手国の友人は日本を友人の居る国として大事に見守るに違いない。今日本で災害があれば、マレーシアの友人からスマホで何本もの見舞いの言葉が届くように。国を救うのは、軍備ではなく人と人の繋がりだと思う。そこをスムーズにクリアするのが「多様性」だ。この多様性が、考えの違う人でも、感性や時に宗教の場合でも、乗り越えさせてくれる。

人も社会も、必ず良い面と良くない面を持っている。豊かさとは、良い面が出し合える社会、笑いや助け合う喜びや感謝が根底にある暮らしだと言える。もし、良くない面が出てしまったとしても、多様さがあれば受容は可能な場合が多い。

こうして、人の心が豊かでこそ暮らしも豊か、そして国も豊かになる。世界が平和になる基本だと思う。人間が地球上で実現したい課題だ。そうでなければ滅びてしまう。世界中の沢山の人たちが優しい心で旅をして、世界のあちこちの国にあふれたら良いと思う。

日本人は、優しい心を持って、貧しい人や不利の重なる人、戦火に脅える人に心を馳せ、謙虚な心で平和に向かう世界の先導者でありたい。平和憲法を持つ国の国民として、それはとても自然なことだと思う。　（了）

折々の思いを綴る

中澤 和代

「折々の思いを綴る」は、NPO法人アジア地域福祉と交流の会の広報紙としてボルネオから日本の会員向けに送ったニュースレター"Dari Kuching"からの転載です。（文末の日付は、掲載紙の発行年月です。）

イバンの人たちの子育て観

私たちの住むロングハウスの住人は、イバン族の血族で構成されています。また、多くの夫婦が子沢山です。男女共比較的若い年齢で結婚するようで、しかも四十代後半で子どもを産む女性も珍しくありません。つまり、子育て期間が長いので、ロングハウスでは自然な感じで小さい子どもが増えていきます。しかし、「医者に行かない、薬の代わりに草やおまじないで病気を治そうとする、ハンモックで揺りすぎる、歩行器に入れたままにする」など、疑問も沢山……それはそれとして、最近、無邪気に走り回る子どもたちを見ていて、ここでの子育てに関する良い面が沢山見えてきました。

五年半程前のことです。ロングハウスで昼夜を問わず赤ちゃんの泣き声が聞こえていました。時には強く、時には弱々しく。私たちは毎日居るわけではないので、気になりつつ理由を聞くまでには至りませんでした。

ある日、廊下でおばさんたちが七、八カ月の赤ちゃんを囲み、背中に水をピタピタとつけていました。赤ちゃんは、弱々しい声を出していましたが、側に行ってみて驚いた。全身にできものがあり、しかも膿が流れ出していました。触ってみると高熱です。私が若い母親に「すぐ病院に行きましょう」と言ったら、「お金がない、車がない」と。「心配しないでいいから、とにかく一緒に行こう」と町の知り合いのクリニックを訪ねたら、医者は見るなり「私の手には負えない」と州立病院の救急に連絡してくれました。赤ちゃんはすでに痙攣を起こしています。こうして、母子は入院し、赤ちゃんは一命を取り留めました。赤ちゃんは、強度のアレルギーで痒みがひどく、その治療や日常生活について母親教育が必要なため、入院が長引きました。

退院後、シングルマザーだった母親は再婚し、カワンと呼ばれるその男の子は、おばあちゃんが育てていました。四歳、カワンは歩けるようになりましたがしゃべらず、一向に人と目を合わさない子どもに……しかも、何があっても決して笑わない、表情というものがありませんでした。「どう考えてもカワンには障害があるね」と、夫ともよく話し合ったものです。

しかし、ロングハウスのおばさんたちやカワンのおばあちゃんは、カワンが話さなくても、反応しなくても、気にせず悩まず、お構いなしにカワンに話しかけ、可愛がり、時には叱ります。私たちのロングハウスは十六家族が住んでいますが、全員がカワンの家族です。お母さんが居なくてもカワンは寂しくなく、不安にかられることもなかったのでしょう。

それにひきかえ私は……常にカワンの「できないこと＝障害」を意識して、話しかける時どうしたら反応が得られるか、どう工夫したら彼が興味を示し、目を合わせることが可能になるかと、汲々《きゅうきゅう》としていたように思います。そして何処かで「障害児」と決めつけていたのでは……。

カワンが五歳のある日、いつも黙っている彼が大声で笑いました。何かのイベントで、大勢の幼児がロングハウスの廊下を走り回っていた時です。「カワンが笑ってるよ！」私は、驚き、さらにカワンの笑い声を聞きたいと過ぎたアプローチをし、逆に彼の用心する顔を見ることに……おばさんたちは平気です。特別なことは何もしない。私はしばらくカワンから距離を置いていましたが、カワンはワークキャンパーが滞在する私の家が大好きでした。夫は、彼を見つけると中に呼び込み可愛がります。

そして彼は、六歳、あんなに無表情だった彼が何でも話し、いろんなことに興味を示すようになりました。来年からは、幼稚園に行きます。考えてみれば、五歳の一年間で目覚ましい成長を遂げた彼でした。

何も心配せず、ただ、普通の子どもとして、大勢の人たちに可愛がられ、常に人の輪の中にいる日常……いつも同じ年頃の子どもたちと連れだって遊べる環境……調べたわけではないから、カワンに障害があったかどうかはわかりませんが。けれども四年弱話さず、笑うこともなく、誰とも目を合わせられなかったことは確かです。

私は考えます……「障害って　何だろう?」

Dari Kuching27（2013.1.1）

食事スタイル一考

ペナンの時もそうでしたが、シブ、或いはカピットでも町部は早朝からケダイコピー（食堂）が、超満員。食べる人、働く人でごった返しています。大衆食堂が大繁盛。大体、麺類か、お粥、ロテチャナイというインド系パン（カレー付き）や、骨肉茶（バクテー）という骨付き豚肉をお茶で煮たものなどが朝のメニューという地域が多いです。安価で、味の良い食堂には人が大勢集まっています。

昼食になると、ナシチャンプル（ご飯といろいろなおかずのミックス）が主流。麺類も昼食まで継続してやっているところが大半。店員は先ず飲みものの注文を取りに来ます。紅茶やコーヒー、テータレ、豆乳などと豊富。店によっては、トロピカルフルーツのジュースも注文可能。ワイワイガヤガヤ、混雑の中でおしゃべりを楽しみながら食事をとります。

日常に誰でもが行くこのような食堂には、天井扇はありますがエアコンはなく、テーブルや椅子もプラスティック製。前客が引き上げた後の片づけも恐ろしく早い。汚れたテーブルを布巾で一撫でといった感じ。客が増えれば、軒下と言わず庭と言わず、その辺一帯に次々テーブルを設置。雨が降ると、取りあえずみんなで濡れないところに退却、誰も文句は言いません。

こういう大衆的な食堂で、私がおいしいと思った食べもののうち、麺類では、サラワクラクサ、コローミー、クイテオ、他にロテチャナイ、ナシチャンプル（おかずは三種類程度選べる）などです。これらは飲みものを含めて、日本円で平均百五十円から二百五十円で食べられます。こちらでは人と会ったら、好意を示す手段として挨拶のように「何か食べよう」と言います。「どう？ おいしい？」と聞かれ、「おいしい」と答えると、彼らは誇りをもってその料理の発祥地、民族の嗜好傾向など、日本人である私たちに説明してくれます。

先日、カピットで借りている事務所をもう一年延長したいと交渉に行った時、そのオーナーから例の如く、食事に誘われました。行きつけのレストランで彼が注文したのは、福建・福州

（フーチャオ）のミーカンポア（田舎の麺）で、名古屋のキシ麺を思わせる麺でした。その発祥を説明してくれる時、彼の祖父は、中国本土からマレーシアに来た一世、父は二世、本人は三世であることを話してくれました。

「祖父は亡くなるまで日本人が嫌いだった。父も今なお、その気持ちを変えることはできない。何故なら、第二次世界大戦の記憶が忘れられないからだ。しかし、それは過去のこと。今の日本人は、清潔、誠実、礼儀正しく、自分としてはとても好きなんだ……」。その言葉を聞いた瞬間、胸に応える申しわけなさを排除することはできませんでした。一皿の麺から、私も過去の歴史を払拭する生き様を実践しなければならないと学習したのでした。

ロングハウスでは、会う人誰にでも「ウダ・マカイ？（もうご飯食べた？）」と聞くのが挨拶です。うっかり「まだ」と答えると「マカイ　マカイ（食べなさい、食べなさい）」と家に招き入れられる。周囲に食堂はないロングハウスのこと、家で作った唐辛子やニンニク、時には、豚肉や鶏肉、野菜の煮ものなどを小さい器に入れて勧めてくれる。そんな日常から、この地では、少しのものでも分け合って食べるという精神が根づいていることに気づかされる。「人との付き合い＝一緒に食べること」、と言っても過言ではありません。トイボート・プロジェクトのカピットでお付き合いする人々も同じでした。何かと言えば、誘い合って一緒に長時間を食事に費やす。食事中にさまざまな情報交換をし、賑やかに笑い合う。

「私は？」と言えば、あらかじめ想定できる人数ならＯＫですが、急な訪問客や人数変更には対応しにくい。食材の購入や、テーブルセッティングに私なりの美学で拘ってしまうから……ロングハウス風「マカイ、マカイ」は、今のところ、我が家にとって大問題。つまり、融通がきかないというわけです。およそ物事を地元の習慣第一にと考えたい夫の心情を推し量れば、申しわけない……。

「あるものを、気楽にみんなで分け合って食べる」というこの地域の食事スタイルを身につけるため、ただ今簡単に作れる皿料理を研究中です。

Dari Kuching33（2015.1.1）

川は日々の暮らしの場

サラワク、先住民族、イバンの人たちの住むロングハウスは、ほとんど川の近くに位置しています。ジャングルの周辺や奥深い山の中にあっても、そこには流れる川があります。生活に水が欠かせないことは言うまでもありませんが、イバンの人たちには「井戸」を掘るという習慣がない。昔々から「住居」を決める際は川がある場所を選んできたからでしょうか。

バワン地区には、幸いにも町から水道が引かれていて、水に不自由することはありません。それでも人々は日常的に川で行水をし、洗濯をします。鶏や豚が食料になる場合にも川で綺麗に洗う。生贄《いけにえ》の血で真っ赤に染まった川でも、翌日には何ということもなくみんな行水をし、洗濯をしている。この人たちと親しくなって三年、いろいろなことがわかってきました。設備されたシャワーよりも川が良いというのは、あながち節約のためばかりではないようです。昔から引き継がれてきた生活習慣なのです。

先頃、彼らはロングハウス全体のゴトンロヨンで、橋の向こうに高さの異なる何段かの平らな水浴び場を作りつけました（ちなみに、高さを違えるのは、雨期と乾季の水かさの変化に対応できる工夫）。大人も子どもも出て、賑やかにおしゃべりをしながら、それぞれが自分にできることをしていました。年寄りは古い橋に使われていた木材をはがし運んでいた。男たちは、胸まで水につかりながら川の中に杭を打ち込む。若い力のある青年たちが、次々と厚い板切れを並べ、平らに組む。その間にも女たちはトゥアックをコップに入れ、作業中の男たちに渡す。彼らは、水の中で「ぐいっ」とひと飲み。大声でしゃべり、笑い、楽しみながら作業を進めていました。川岸には、少年たちが三人ぐらいで鶏の首を絞めています。別の子が、枯れ木を拾ってきて薪を燃やし、丸焼きのバーベキューにする。お皿はバナナの葉。鉈《なた》で細かく切られたお肉は野性味たっぷり。

人々が集まった川岸は、たちまち休憩場となります。午後も作業は続きましたが、川にもぐり沈んでいるゴミなどを拾い出す人もいて、誰に何をしろと言われたわけでもないのに、ゆるやかなまとまりのある光景です。

灼熱の太陽の下、木陰からほとんど見学していただけの私でしたが、人々の川に対する愛と親しみ、もっと言えば畏敬の念を強く感じた一日でした。また、女性や子どもたちの暮らしの場を整えることに、喜びを感ずる男性たちの優しさも伝わってきました。

川行水（Sungai mandi）は、農作業の合間と一日の終わりにと日々続きます。青年男女や子どもたちは、日暮れ前、申し合わせたように川に向かう。男性は短パンをはいたまま、女性はサロン（大きな一枚布の両端を袋状にしたもの）を巻きつけただけの姿ですが、これが何とも美しく、「イバンの美ここにあり！」と思う程です。彼らは川で各自シャンプーや石鹸を入れた小さなバケツを持参し、お互いに泡をつけ合ったり、水をかけたり、勢いよく飛び込んだりしながら、この時間帯を目一杯楽しみます。小さな女の子も一人前にサロンを巻いている。川に飛び込む時、器用にサロンの裾を広げ、空気を一杯に含ませると、その布はたちまち浮き袋状態。水面に顔だけ見せて、しばらくゆらゆら浮かんで楽しげです。サロンの中で、身につけていた下着を脱ぎ、石鹸で体を洗うついでに洗濯をする子もいます。もちろん、この川で歯磨きもします。

こうした時間に人々は、あり余る程コミニュケーションを取り合って生きている。お母さんたちも井戸端会議（川端会議かな？）をしながら洗濯をし、体を洗い、夕食前の時間を過ごします。自分の夫や息子たちが便利で楽しい川岸を用意してくれたことに感謝しながら、洗濯や行水をしているのだろうな……。私の想像は膨らみ、幸せになる。まさにイバンの人たちは自然と共にある土着の民族。

この幸せが続くことを願う……しかし実は、魔の手がしのび寄っている。熱帯林のプランテーション転換によるパーム椰子や胡椒の栽培に農薬が使用され、土壌や河川の汚染は深刻だとのこと。日本でも河川の汚染により人々が苦しんでいたのは決して遠い昔のことではありません。人々が暮らしに使う川は綺麗であって欲しいのに……。

Dari Kuching11（2007.9.1）

多民族を考える

私たち夫婦は、マレーシアに長い間居て二人とも会話は下手な英語のみ。マレー語は話せません。ムヒバでは、メンバーがイバン語しか話さないので、やむなく簡単な単語を駆使していますが、それで何となく通じるから不思議。町のスーパーで、店員（イバン族）さんが顧客の私を日本人と見て「アリガトウ」などと言ってくれると、私はたちまちサービス精神が頭をもたげ、知っている限りのイバン語で会話を試みる。そうすると、その場が弾み笑顔があふれ、周りの店員さんとも仲良くなれる。これが英語だと、通じたとしても面白味はありません。言語とは不思議なもの、民族の誇りと文化の象徴なのです。

とは言うものの……異文化の中にあって、心地良いことばかりではありませんでした。少数民族の中に居ると、日本人だからと、意味のわからないお金（個人の歯科治療費や遠縁の葬儀費用）を求められたり、明らかな公私混同も……気づかないなら良しとする振る舞いも経験済みです。あまりのことに疑心暗鬼に陥り、自分一人でひどく落ち込んでしまう。「清潔感がないのはたまらなく嫌！」、夫に愚痴をこぼすと「しょうがないよ。みんな貧しかったし貨幣経済に慣れていないのだから」。この会話を何度繰り返してきたことか……。

先住少数民族は、これまでの歴史の中、発展から遠く離れた地域に居住権や開墾権を与えられてきたと言います。この政策は、一見先住民族の保護という良い国策のようにも思えますが、貧しい少数民族が、村へ奥地へと移動する結果となり、都会は経済活動に長けている中国系が多くなっています。マレー系や少数民族は、うまく職を得られた人たちはともかく、なかなか難しい。

だからといって少数民族が奥地に安住の保障を与えられたわけではありません。これらの土地は、ネイティブランドと言って売買不可能な土地です。いつ何時、政府高官が事業者に土地使用許可を与えるかわかりません。反対の声も届かず、大規模のパームオイルプランテーションに転用される例は多々あるらしいのです。土地使用権があり、登録していても所有権を持っていない少数民族は、現在なお土地を巡って厳しい状況にあります。ムヒバも同じ条件下ですが、政府から正式にＮＧＯとして認可が得られていることは大きい。ムヒバの存在は、この地域のイバン族にとって政府の認可という意味で多少の安心材料かも知れません。

しかし、私たちも日本人として他からどう見られているか……ある時代には侵略側の歴史があり、またエコノミックアニマルと言われた過去もあります。個人としても欠点の多い自分を意識し、襟を正したいと思います。

多民族の国では、人種による優劣の思い込み、結果としての経済格差などが常に内在しています。マレーシアでは、過去の苦い経験を踏まえ、民族間の争いが紛争に至らないよう国側の工夫や調整があります。善し悪しは別として、貧しい人たちへの現金支給も度々行われています。また、イスラム教を国の宗教としながらも、他宗教を認めている大らかな国です。日本では経験することのなかった異民族への思いは、私の世界観を変え、人間観を変化させてくれたと思います。いずれにしろ、グローバル化により、例外なく、多民族が当たり前の時代になりました。

ある日、夢を見ていました。【大きな部屋にワイワイガヤガヤとイバンの人たちが集まっている……中の一人が私の顔に白い大きなシャボンの固まりをベタッとくっつけた。周りを見てみると、ほとんどの女性が化粧品の講習の如く、白いものをつけている。私は、「これ、すぐ落ちるの?」と言いつつ、みんなに習って顔にのばした。そのこと自体はちっとも可笑しいことではないのに、みんな一緒に大声で笑い合っている。何でもないそのこと……なのにスゴーイ幸せな仲間意識が込み上げてきた。日本人は私一人なのに】。

目覚めた後もしばらく幸福感は残っていました。この感じ好き。許し合うこと、認め合うこと、優劣ではなく、できることで助け合うこと。だから笑顔があふれている。日常の嫌なことはみんな忘れて幸せを共有できる。国や宗教、習慣を超えられるかどうかは、こんなところに鍵があるように思う……。

Dari Kuching34（2015.5.1)

マレーシアはひとつ

五月、町のあちこちに目立って、"Satu Malaysia"（マレーシアはひとつ）の立体的な看板が立っています。すでに告示されている統一選挙（国会議員）への意味づけかも知れない。私がこの言葉を意識するようになったのは、四、五年前だったように思います。

マレーシアは、東南アジアのマレー半島部分とボルネオ島西北部を領域とする連邦立憲君主制国家で、国王は十三州のうち九州にいるスルタン（首長）による任期五年の輪番制。内閣の補佐を受けて行政を担当する世界でも珍しい形の国王制です。

このマレーシアは、多民族複合国家で、全体的には人口の六割をマレー系、三割が中国系、一割がインド系ということになっていますが、今、私が住んでいるサラワク州になるとこの割合が変わり、マレー系、中国系の他、イバン、ビダユー、カヤン、ウルなどの少数民族が多く、インド系は非常に少ないと言われています。少数民族の中では、イバン族が最も多く、全体の六割を占めていて、政治的にもきちんと関わっているのが特徴です。

いずれにしても多民族で、「言語、習慣、服装、肌の色も異なるそれぞれを認め合い、みんなで一丸になって仲良くしていきましょう」というのが"Satu Malaysia"という概念です。

マレーシアは、一九五七年に独立、独立後十年前後に激しい民族間対立があったとも聞きますから、その教訓から出てきた理念なのかも知れません。何処の国でも国家が提唱する理念はありますが、どれだけ国民の間に浸透し、普段の暮らしの中に生かされているかが注目点です。

政策かどうかわかりませんが、"Satu Malaysia"という歌もあります。また、至るところに看板があり、Tシャツも何処にでも売っています。

私たちのロングハウスにも、数字の「1」にマレーシア国旗をデザインした看板や横断幕が飾ってあり、車から見る道路の端々にもあります。

ある日、福祉局から連絡がありました。町の近くにあるたったひとつの身寄りのない婦人のための老人ホームで、サラワク州知事の奥さんや福祉局のトップが主催するイベントがあり、そこで作品の即売会をしたいとのことでした。私たちは、スタッフとメンバーで作品を選び出かけて行きました。

イベントには、若い訓練兵も招待されていました。イベントの終わりが近づくと彼らが道路の両側に並び、歯切れよくリズミカルに何かを合唱し、その声に合わせて会場のみんなが半ば踊るように声を合わせ手を叩いています。我がメンバーたちも笑顔で楽しんでいます。その言葉の最後が確かに「ありがとう　ハイ!」と聞こえました。日本人は、私たち二人だけなのに……?

側にいた若いスタッフに「これは何?」と聞くと"Satu Malaysia"だと言います。このフレーズは、各民族の「ありがとう」という言葉を集めたもの。軍隊だけではなく、学校でもしばしば合唱するそうです。そして、彼女はこの歌詞を教えてくれました。ちなみにパンパンというのは手を叩く音。幸せなら手を叩こうのパンパンと同じです。

【テリマカシ（マレー語）パンパン、サンキュウ（英語）パンパン、シェシェ（中国語）パンパン、ナンドレー（タミール語）パンパン、スークラン（ヒンディー語）パンパン、アリガトウ（日本語）ハイ！（手を叩くかわりにハイと言う）】

うーん、なるほど……。自国の民族だけではなく、外国人も含めてひとつのマレーシアなんだ……。あまりにも想像外だったし、外国で彼らの口から思いがけない日本語を聞くと嬉しくなる。それから私は全フレーズを覚え、何かある度に口ずさむ。お調子者の私は、いつか内緒で、インターネットでヒットしたマレー語の〝Satu Malaysia〟の歌を覚えて、ロングハウスの舞台で歌ってみたい。きっとみんなから拍手をもらえるに違いない。

それでは皆さま、「ありがとう　ハイ！」

Dari Kuching28（2013.5.1）

あとがきに代えて

中澤　健

ようやく書き終えた、誰から求められたのでもないのに、何かしら重責を果たしたような思いに満たされている。さまざまな人の顔が目の前をよぎる。本当に多くの人たちのご好意でここまでこられた。思えば二十五年、息が抜けなかった。思いがけないことの連続、喜びも戸惑いや困惑も多かったが、そういう意外さは、生きている間は続くものらしい。自分で計画したので意外というのも変だが、帰国もいわば計画外だった。

マレーシアに骨を埋める、ボルネオの土になると長い間言ってきた。繰り返し言っただけではなく何かに書いた。にもかかわらず、予定を変えて帰国したのには大小幾つかの理由がある。この場を借りて、中心的な理由だけ簡単に述べてお詫びとさせていただきたい。

ペナンのACSは、アイナさんをはじめ心ある地元の人たちが思いを発展させて地域になくてはならないNGOとして活動している。しかし、サラワクのRCS（「ムヒバ」の運営団体）はペナンとは諸条件が違い、地元だけで自立することが難しい。運営のための資金調達だけではなく、経理関係を含む事務処理的なことも、福祉事業としての経営も難しい。どうしたら良いか。もし私たちが骨を埋める覚悟でやれば、生きている内は問題なく運営が続くだろう。だが、死んだら途端に「ムヒバ」の活動は止まり、やがて「ムヒバ」は閉鎖になる可能性大だ。そこで考えたのが、元気な内に帰国することだった。つまり、デイセンター「ムヒバ」の継続のためには、私たちが離れる必要があると判断したのだ。

日本のＡＣＥの下準備や地元役員によるＲＣＳの新しい体制づくり、ロングハウスや「ムヒバ」スタッフの気持ちの根回しなどは数年前から始めたが、現地の事務員採用と事務継続のための引き継ぎは本当に大変だった。後継責任者は、クチン時代の家主であり、ＲＣＳ登録時から助けてくれたジョセフさんが、三年後ならと引き受けてくれた。ジョセフさんとここまでの縁があったかと思うと感慨深いものがあった。役員会も問題なく、日本のＡＣＥも長年の友人田島良昭さんのご子息田島光浩氏が引き受けて下さった。晴れて全てが整い、二〇一七年八月の帰国となったのだった。

帰国して九カ月、私の胃癌と肝細胞癌が共に原発性第三ステージで見つかった。紹介された徳島大学病院の消化器外科で、治療に専念する以外の選択肢はなくなった。

病気らしい病気をしたことのない私が突然の病気。青天の霹靂とはこういうことを言うのか。ショックではあったが、目の前が真っ暗とか頭の中が真っ白とかはなかった。冗談ではなく、「今わかって良かった！」と思った。ステージⅢなら昨日今日にできたものではなく、もう何年も前から進んできたものだろう。もし、後任選びもしていない内に見つかったらどうなったか、想像しただけで身震いしそうだ。

その後、生死の境もさまよったようだが、結局、九月に胃の全摘手術を行い、経過良好で、現在は在宅で肝細胞癌の進行を遅らせる抗がん剤を服用している。今のところ気は確かで、体重が二五キロ程減り、体力が落ちたのには参っている。しかし、癌治療は日進月歩。今や死の病ではなく治る病気になってきたようだ。現に私が服用している抗がん剤も、二〇一八年三月に承認されて九月に発売されたという新薬で、名前は「レンビマ」。強い副作用のため内服を中断する患者も多いと聞くが、私の場合はそれ程の副作用はない。幸運だと思うし、ヒーリングの施術の効果や、国内外の多くの知人友人たちの強い祈りを感じている。

割合早い時期から、天国に新しい任務ができたから来るようにと言われたら、ためらうことなく従うのだと思っていた。私の願いは、恥ずかしいが、最後にあまり痛いのだけは勘弁して欲しい、という意気地のないものだ。地位も名誉も関係なく、財も築かずの人生だったが、自分で良い人生だったと思えることは本当に幸せなことだ。

元々元気で、病気のことなど予想もしていなかった。七十七歳になったのに、後期高齢という「お年寄り」認識に欠けていた。これは自分の不注意だ。人に迷惑をかけたくないのであれば、自分の健康を気遣うのは大切なことだ。公的機関の健診などは、きちんと受けるべきだったと反省している。けれども何より今、感謝しながら一日一日を生きられる幸せを実感している。

二〇一七年八月末に帰国して落ち着いた先は、四国の徳島県阿波市。妻の実家だ。阿波市阿波町という住所だから、少しは都市化してコンクリート製のビルが何個か建っていても不思議はないのだが、全く違う。コンクリート製のビルはなく商店街もない。昔はさまざまな小売店があったと言うが、今は道路沿いに広い駐車場付きの大型スーパーや安売り店があるだけ。西から東に向かって流れる吉野川沿いの平地は、鳴門市方面に続く幹線県道十二号を除いては田舎道だ。最寄り駅はＪＲ「阿波山川」という徳島線の無人駅。家まで車で十分程。帰国と同時に車の運転を止めた私は、駅から歩くと四十分程かかる。

家の周りは畑で、隣の家は大きな声を出せば届くかどうかというくらいで、それも一軒だけ。他の家は暫く歩かないとない。田舎の道は元々畑や田んぼに行く道なので、さまざまに分かれている。約十分歩くとコンビニがあり、二十分程でかかりつけの医院。さらに少し行くと郵便局がある。反対側に約二十分歩くといろいろな大型店に着く。

朝散歩をしたり、午後コンビニにコピーを取りに行くと中学生とすれ違う。自転車で通り過ぎざまに、「おはようございます」「こんにちは」「さようなら」などと男女とも元気な声で気持ちが良い。妻に聞くと、学校で教師が奨励しているんでしょうと言う。ところが先日、何処かに急ぐ幼児と母親とすれ違った時、幼児兄弟三人が口々に「こんにちは」と挨拶するのだ。すごい！学校の先生の奨励ではなく、この土地の習わしかなと、改めて嬉しくなった。

西南には高越山《こうつさん》をのぞみ北東側には讃岐山系、高い建物はないので、夕陽が山の端に沈むまでしっかり見えるこの地が大好きになった。ここの畑で野菜を作ろう、ナスやトマト、ジャガイモやサトイモ、白菜やキャベツやほうれん草を自分で育てたい。太陽と水が豊かな地で土にまみれたいと夢見ていた。

ところが、ジャガイモの初めての収穫を終え、サツマイモ「鳴門金時」の植えつけを終えた直後に、病気が見つかった。畑の土地にタネを蒔き、苗を植え、芽を育てたいと思ったのに、自分が食べるものを自分で育て草を取り、収穫したかったのに。可能であれば自分の田んぼでお米だって作りたいと思っていたのだけれど。夢は破れてしまったのか。太陽と水と土、自然との共生、楽しみにしてきたのに。駄目なのか！

だが、待てよ。諦めるのは早い。間に合うかも知れない。癌細胞との闘いに、負けると決まったわけではないではないか。勝てるかも知れない。よし！少し体力が戻ったら、気を取り直して畑に出よう。折角名刺に「農夫見習い」と書いたではないか。そうだ、できるところまでやろう！

昨秋、退院して在宅だった時、元ワークキャンパー数人が訪ねて来て、サトイモとゴボウを掘ってくれた。渋柿の残りを採ってくれた。「また来ます！」と言って彼らは帰って行った。いよいよとなったら堂々と彼らにヘルプコールだ。「そうだ！諦めるのは勿体ない」。できるところまで頑張ってみよう！まだまだ挑戦は続く。楽しい一日が始まる。南国の太陽の下で、みんなが楽しげに笑って応援してくれている。フィロミナの笑顔も歌声も一緒に違いない！

読者の方に、お礼を申し上げます。お読み下さり、ありがとうございました。率直に感じたこと、思ったことを書きました。

またの出会いの日を、楽しみにしております。

マレーシアでしてきたことを本にして遺《のこ》すというのはずっと考えてきたことで、妻と二人で話し合ってきた。帰国後間もなくから原稿を書き始め、病気がわかる直前くらいにはほぼ大筋ができ上がっていた。そこには妻が書いた原稿も私の文章に取り込んでいた。病気がわかって以降、文章の手直しも写真選びもほぼ全てを妻が行った。

思えば、ペナンの八年目からは、活動自体が妻が居て成り立ってきた。とりわけボルネオは、「ムヒバ」建設のみならず、そこに関わるワークキャンプなど妻抜きでは不可能だった。そこで昨年、本づくり具体化の段階で妻に共著にしようと誘いかけたのだった。私のいのちがどれ程残っているかもわからない中、もしものことがあっても、マレーシアでの暮らしも活動も全て一緒にしたのは妻だからだ。「ムヒバ」の活動も、父の足跡を辿る旅もそうだ。私が元気で居たとしても、イバンのトゥアックの造り方を話して欲しいと言われたら妻しか居ない。それやこれやを話し口説いて、妻と私と共著という形を取ることにした。

本書では、辛かったこと、いわば苦い思い出は意図的に省いた。実際にはいろいろなことがあり、その都度助けられた。特別にペナンの星野亨さんと由美子さんご夫妻には、物心両面から長期間にわたり忘れ難い助けをいただいた。ここに記し、お仲間の皆さんにも併せて感謝の気持ちとしたい。

この本づくりは、浅野史郎さんに仲介していただいて、ぶどう社の市毛さやかさんに何から何までお世話になった。文体、全体の構成から細部まで、徳島の田舎まで来られて助けて下さった。最後に一言、お礼を申し上げたい。

二〇一九年三月　中澤健

著者

中澤 健（なかざわ けん）

1941年　北海道旭川生まれ。本籍は山梨県。
1963年　早稲田大学教育学部卒業
　　　　国立武蔵野学院教護事業職員養成所に入学
1964年　国立秩父学園に児童指導員として勤務
1982年　厚生省（当時）児童家庭局に障害福祉専門官に配置換
1991年　同上辞職
　　　　日本社会事業大学社会事業研究所主管
1993年　マレーシアに渡る
1993年　ペナン島にてACS設立
1997年　アジア地域福祉と交流の会設立（2000年NPO法人）
2003年　ボルネオ島にてRCS設立
2017年　帰国（徳島県阿波市）

中澤 和代（なかざわ かずよ）

1945年　徳島県鴨島町生まれ
1963年　徳島県立川島高校卒業
1967年　徳島県保母資格取得
1967年　徳島県庁障害福祉課勤務
1968年　徳島県立委託あけぼの寮（保母）
1973年　社会福祉法人徳島県知的障害者愛育会（指導員）
1983年　同一法人「若竹通勤寮」に異動
1995年　若竹通勤寮寮長
1999年　退職
2000年　マレーシアへ渡る

フィロミナの詩がきこえる
マレーシアで二十五年 平和と福祉を考える

著　者　　中澤 健　中澤 和代

初版印刷　2019年4月18日

発行所　　ぶどう社

編 集／市毛さやか
〒154-0011　東京都世田谷区上馬2-26-6-203
TEL 03（5779）3844　FAX 03（3414）3911
ホームページ　http://www.budousha.co.jp

印刷・製本／モリモト印刷　用紙／中庄